いまどき選手の力を引き出す監督《スペシャリスト》がここまで明かす！

バレーボール指導の極意

岩本勝暁

KANZEN

はじめに

〝ブラック部活〟という言葉を耳にするようになって久しい。

嫌な言葉だな、と思う。

どういうことか。顧問に怒鳴られたり、殴られたりするなどの暴力を受ける。拘束時間が長く、自由な時間がない。体調が悪くても、部活を休むなんてもってのほか。先輩の指示は絶対で、従わないとレギュラーから外される――といった部活動のことを指すそうだ。

ときを同じくして、バレーボールの部活にまつわる暗いニュースを目にする機会が増えた。

２０１７年、栃木県の私立高校で、男子バレーボール部のコーチが2年生の部員に暴行を加えていたことが発覚した。

２０１８年には、岩手県の公立高校で、17歳のバレーボール部員が自ら命を絶った。顧問の暴言が生徒を追い込んだことが一因だと言われている。兵庫県の公立高校でも、２０１９年、20代の男性コーチが部員に体罰を加えている。

体罰やハラスメントは、高校の部活だけにとどまらない。

２０１９年、大分県の小学生女子バレーボールチームでは、監督が女児に体罰を与えたにもかかわらず、保護者ぐるみでその事実を隠蔽したと報道されている。翌年、県の小学生連盟は、体罰をしていた監督を永久追放に、体罰を隠蔽していたチームには解散を勧告することを決めた。

これらのニュースを目にするたびに、腹の中に鉛を埋め込まれたような陰鬱《いんうつ》した思いが駆け巡る。


スポーツって、そんな思いまでしてやるものだろうか。もっと楽しくて、心が快活になって、人生を豊かにするもの――、そう思うのは青臭い綺麗事だろうか。

もちろん、ブラックなチームが全てでない。これまで20年近くバレーボールの取材をして、素晴らしい監督やチームに何度も出会ってきた。人生において大切なことを学んだのも、一度や二度ではない。そうした指導者あるいはチームを活字にして世に送り出すことが、一介のスポーツライターにできることではないか。それが本書を企画したきっかけだ。

取材したいチームのリサーチからはじめた。しかし、いざ取材の許可が下りると、現場に行くことに対する後ろ向きな気持ちが出てきた。

果たして、取材者を受け入れてもらえるだろうか。体罰を肯定されたらどうしよう。目の前で暴言や体罰を耳にするかもしれない。そうしたマイナスのイメージが頭をよぎったからだ。実際、過去に取材した高校の中には、目の前で選手に暴言を浴びせる監督もいた。

だが、その不安も杞憂に終わった。幸運だったのが、最初に取材したのが福岡県糸島市の東風ＪＶＣだったことだ。

屈託のない笑顔を見せる子どもたちに心が救われた。何しろ、顔を合わせるなり、東京から来た取材者を質問攻めにしてくるのだ。

「どこに住んでいるんですか?」

「今までどんな選手にインタビューしたことがあるんですか?」

「糸島はどうですか?」

胸の奥で感じていた緊張は、いつの間にかすっかり消えていた。そこには、ブラックな要素は何一つない。

「バレーボールが楽しい」という彼女たちの瞳に一点の曇りもなかった。

その後も、取材した先々で新たな発見があった。興味深いのは、監督によって選手に対するアプローチが違うことだ。

例えば、自主性を重んじる星城高の竹内裕幸総監督は、選手の前で「勝ちたかったら、チェスのように動かしてくれる先生のところに行ったほうがいい」と言った。それに対して、慶應義塾高の渡辺大地監督は、新チームを前に「勝ちたいなら練習試合も組むし、家庭を捨ててでもお前たちと一緒に練習する。本当に勝ちたいなら、つらい練習もしないといけない」と言ったという。

最初のフレーズは同じでも、その後に続く言葉は真逆。しかし、選手たちに求めていることは、一周回って全く同じ意味合いではないだろうか。共通するのは、選手自身が考え、自らその道筋を導き出すことである。

益田清風高の熊崎雅文監督は、指導者としての原点を「自分が教えられていないというコンプレックス」と言った。これも、ハッとさせられた一言だった。

実は筆者も一時、教員を目指していた時期がある。ほんの一瞬。高校を卒業する頃だ。その理由は、小中学生のときに指導者に恵まれず、高校に入ってすごく苦労したから。自分が指導者になって、うまくなりたいと思う小中学生に、ちゃんと技術を教えてあげたいと思っていた。

教壇に立つ自分の姿はイメージできていたが、しかし、大学受験に失敗して霧散した。「大学で何をするかでなく、大学を卒業して何をするかを決める4年間にしよう」。そう気持ちを切り替え、新たに目指すことになったのがスポーツライターという今の仕事である。

本書では、指導論に軸足を置きながら、それぞれの監督の人生を事実の提示に沿って記述している。「指導の極意」というと大仰に聞こえるが、彼らが歩んできた道のりは、スポーツに携わる人にとっても、そうでない人にとっても多くのヒントになりうるだろう。

何より、バレーボールを選んだ子どもたちが、大人になったときに「バレーボールをやってきてよかった」と思えるような、そんな人生を歩んでほしい。

この本がその一助となれば、それに勝る幸せはない。

目次

※2020年に取材したもので、学年などその時のものとなります。

星城

竹内裕幸総監督

「選手の邪魔をしない」

人から指示されるのではなく、選手が自分たちで勝つことを求める

2012年から14年にかけて、史上初の高校六冠を達成した(2年連続でインターハイ、国体、春高バレーを制覇)。石川祐希ら個性豊かなメンバーを、人は「奇跡の世代」と呼んだ。しかし、指揮を執る竹内総監督が歩んできた道のりは、決して平坦ではなかった。大学時代は監督と衝突してコートを去った。自主性を重んじる指導に切り替えたのは、不世出のセッター深津英臣との出会いがきっかけだ。そして、今、後進に道を譲り、新境地を切り拓こうとしている。

たけうち・ひろゆき　1975年1月11日生まれ、愛知県出身。愛工大名電高を経て中京大に進学。卒業後は、愛工大名電高で3年間コーチを務め、2000年に現在の星城高に赴任。監督に就任すると、2005年の春高バレーでチームをベスト4に導いた。さらに、石川祐希、中根聡太らを擁し、2012年から2014年にかけて3大大会で6連覇を達成。現在は、U19(ユース)日本代表のコーチも務める。

竹内裕幸総監督の「自主性」とは？

一 自分たちで勝つことを求める

大学時代に監督と衝突してコートを去った。求めていたのは、人に指示されるバレーボールではなく、コートの中にいる選手が自分たちで勝つことを求めるバレーボール。監督に指示されることで、自分のバレーボールが奪われたと感じた。

二 チームマネジメントで環境を変える

チームのユニフォームを華やかにデザイン。先輩も後輩もなく、髪型も自由で、汗と涙に象徴される高校バレーのイメージを一掃した。選手が求めている相手と練習試合を組むことも、竹内総監督の中ではチームマネジメントの一つだ。

三 邪魔をしない

選手の自主性を重んじる指導に舵を切るきっかけは、セッター深津英臣との出会いだった。技量がずば抜けていて、教えることはなかった。しかも、選手がやりたい練習をやると、メキメキと実力を伸ばす。大事なのは、選手自身がバレーボールを楽しむことだ。

四 応援されるチームになる

竹内総監督のモットーは「感謝の気持ちを忘れずに!」。たくさんの人に支えられてきたことを忘れてはいけないという思いから、横断幕にしたためた。だから、星城を卒業した選手は、Vリーグに行ってもファンを大切にしている。

五 練習は質を高めて量を増やす

心がこもっていないと練習したことは身につかない。これからは「質のある量」をこなしたチームが力をつけていくと竹内総監督は言う。いつもボールに触るなど、バレーボールを考える時間をたくさん作ってあげることが重要だ。

自分たちで勝つことを求める

ハチマキの星印は、いつの時代も一番星のごとく煌めいていた。

「SEIJOH」の名が広く知れ渡ることになったのは2005年だ。その年の3月に行われた全国高等学校バレーボール選抜優勝大会（以下、春高バレー）でベスト4に入った。愛知県勢として最高位の成績だった。

3年後。不世出のセッター深津英臣、エース渡辺奏吾（ともにパナソニックパンサーズ）を擁し、春高バレーで準優勝を果たす。同じ年のインターハイと国体も制覇。そのめざましい功績は、全天で最も明るいシリウスの光そのものだった。

2012年。スター軍団、現る。夏のインターハイを皮切りに、高校3大タイトル（インターハイ、国体、春高バレー）を前人未到の6連覇。2年間で重ねた公式戦の連勝は「99」を数えるなど、日本のバレーボール史に一等星の輝きを残した。

メンバーの進路も実に豪華だ。主将でエースの石川祐希（パワーバレー・ミラノ／イタリア）は中央大学在学中にイタリアのセリエAに挑戦。プロのバレーボール選手として、新境地を切り拓いた。リベロの川口太一は、大学に進学せずウルフドッグス名古屋（当時の豊田合成トレフェルサ）に入団。武智洸史（JTサンダーズ広島）、山﨑貴矢（堺ブレイザーズ）、神谷雄飛（ウルフドッグス名古屋）は大学を経てそれぞれVリーグに活躍の場を広げた。セッターの中根聡太は筑波大を卒業後、ジェイテクトSTINGSに加入。3年目の2019／20シーズンは正セッターとしてコートに立ち、チームを初優勝に導いている。

奇跡の世代――。

才能豊かな選手たちで構成されたチームを、人は最大限の敬意を込めてそう呼んだ。強さだけではない。選手一人ひとりに、バレーボールを楽しむマインドがあった。新しいことを積極的に取り入れる懐の深さと、応援をパワーに変えられる感謝の心があった。星城を星城たらしめたのは、自主性を重んじる竹内裕幸総監督の指導と、選手を最高の舞台で輝かせる独自のチームマネジメントによるものだった。

名古屋生まれの名古屋育ちで、生まれついての中日ドラゴンズファン。プロを夢見る野球少年がバレーボールに出会ったのは、中学に入ってからだ。

竹内総監督が古い記憶を呼び覚ます。

「子どもが多い時代で、地元に新しい中学ができたんです。僕が3期生。その学校に隣の中学から素晴らしいバレーボールの先生が来て、活発な生徒を集めてバレー部を作りました。それこそ、運動神経のいい子だけじゃなくて、ちょっと手に負えない——いわゆる不良グループに入っているような子も。そういう子をその先生が全部引き受けて、スポーツに目を向けさせることで更生しようとしていたんです」

ポジションはセッター。やればやるほど上達するし、どこにも負けないと思っていた。全日本中学校バレーボール選手権大会にも出場した。

「そのときの経験がベースになったのか、それとももともと持っていたものなのかはわかりません。ただ、新しいことに挑戦することは好きでした」

ハードルが高いことはわかっていても、日本一を目指せる高校に行きたかった。しかし、進んだのは地元の愛工大名電。県内では一番だったが、中学のときにモクモクと湧いていた「指導者になりたい」という思いは、その時点ですでに燃え尽きていた。

将来は父親の会社を継ぐか、それとも好きな絵を描くために美術系の大学に進学するか。まるで出口の見えないトンネルの中を彷徨っているようだった。

選手としてのキャリアは、志半ばにして自ら幕を引いた。大学3年のときに、当時の監督と戦術面でぶつかったのだ。試合中、ベンチからサインが出ていた。どこにトスを上げ

4年ぶりの出場となった2021年の第73回春高バレー。
ベンチに座る竹内総監督（左奥）も、どこか緊張した面持ち。

るかを指示するものだった。

自分のバレーボールが奪われたと感じた。

「二十歳を過ぎていたので、もう大人ですよ。僕なりに、バレーボールの感覚もできていますし、という思いでした。アドバイスならわかるけど、『あそこに上げろ』『ここに上げろ』と指示されたところにトスを上げるなら誰でもできる。『だったら、他の子にやらせてください』と反発したんです」

求めていたのは、人に指示されるバレーボールではなく、コートの中にいる選手が自分たちで勝つことを求めるバレーボール。監督が出過ぎるスポーツではないと、その頃には頭の中で確立されていた。

それ以来、竹内総監督がコートに立つことはなかった。

しかし、退部はしなかった。仲間のために、チームのサポート役に徹したのだ。

「仲間が大好きでした。だから、同級生には『監督に反発して申し訳ない。みんなには迷惑をかけるけどクビにはしないで』とお願いしたんです。球を拾うし、みんなのサポートもする。でも、監督の指示に従うことはできないと説明しました」

チームが試合で負けると、今までにない感情が沸き起こってきた。自分はコートに立っていないのに、仲間が悔しがっている姿を見て猛烈な虚無感に襲われた。

「俺、何をやっているんだろう」

一人になって泣いた。試合に負けて泣くのは生まれて初めてのことだった。

「極端に言うと、僕はそれまで欲しいものが手に入らないということがなかったんです。おもちゃもそうだし、バレーボールをやってもずっとレギュラーだった。だから、手に入らない人の歯痒さとか、悔しさがわかりませんでした。今までこんなに周りに支えてくれる人がいるなんて考えたことがなかったんです。だけどそのとき、そんな思いを身をもって感じることができた。指導者になってからも、子どもたちに現実的に話をしてやれるようになりました」


指導者になりたいという思いに火がついたのは、大学を卒業する直前だ。教育実習のため、母校の愛工大名電に戻ってきた。そのとき、恩師の加藤芳美先生からこう言われた。

「ここにいる3週間、お前がすべての指揮を執れ。後輩たちに教えてやれ」

練習メニューの組み立てからすべてに携わった。

しかし、当時のチームは、空気が緩んでいた。中には練習時間に部室でゲームをやっている生徒もいた。誰もがバレーボールから目を背けようとしていた。その姿と、ドロップアウトした自分の姿を重ね合わせた。

「今思うと、彼らは大人に教えてもらうことに飢えていたんだと思います。僕が声をかけたら、目を輝かせるし楽しそうにバレーボールをやってくれる。だから、そのときは『ゲームなんてやってないで、バレーボールで気持ちよく汗をかこうぜ』という感じでした。3、4時間の練習があっという間に過ぎていくんです」

わずか3週間で、見違えるように上達した。尾羽打ち枯らしたチームは、ほどなくして生き返った。

「決して、自分が教えてやろうとか、チームを強くしてやろうという感覚ではなかったです。つまらなさそうだから、バレーボールは楽しいぞということを伝えただけ。そもそも選手時代の僕は、人に教えるのが好きじゃなかった。自分が上手になるために身につけたものを、どうして人に教えなければいけないのだろうと思っていましたから。初めて他人に自分の感覚を開いたのが、そのときの教育実習でした」

その後、加藤先生から「うちに来て、教員をやりながら手伝ってくれないか」と声をかけられた。指導者としてのキャリアをスタートさせた瞬間だった。

チームマネジメントで環境を整える

「この子たちにいい環境を作ること、この子たちが求めている相手と練習試合を組むこと、それが僕にとってのマネジメントです。それこそ、高校生とはいえまだ子ども。勘違いして調子に乗ることもあります。その鼻を折ることだったり、どうしても教育的なことが多くなりますね」

母校の愛工大名電で3年間コーチを務めた竹内総監督は、2000年に星城の監督に就任した。

「ここ（星城）は名古屋から外れているので、田舎の〃体育〃という感じを出さなければいけませんでした。シャツをズボンに入れるとか、着るものは無地でとか、そういうことをこの学校は大切にしていたんです。一方の愛工大名電は名古屋の街中にあって、見た目も華やか。カラフルなシャツを着た〃スポーツ〃の先生という感じでした。僕はそれまで、『先生の指示通りに』とか『先輩に従う』というのが嫌いで生きてきたので、そのギャップが一番苦しかったですね」

当初は自主性を重んじる今の指導からかけ離れていた。

「とにかく俺の言うことを聞いておけ、でしたよ」

それでも、教えれば教えるほど、チームは強くなる。昔ながらのロジックに従って、チームを強化していった。「生意気だ」「チャラチャラしやがって」という青年監督に対する雑音は、全国大会で好成績を残すことによって押し沈めた。

2005年、セッターの深津旭弘（JTサンダーズ広島）が主将を務め、弟の貴之（ウルフドッグス名古屋コーチ）がライトに入ったチームが春高バレーでベスト4と躍進した。竹内総監督にとっては「そこが最終目標」だった。一度でも到達できたら、指導者をやめてもいいとさえ思っていた。

星城のブランド力を上げることにも成功した。選手の能力を引き上げる指導者でありながら、チームをマネジメントする竹内総監督の才覚は極めて高かったと言えよう。

例えば、チームカラーのえんじという重たい色をどうやって華やかに見せるか。黄、白を加え、3色をバランスよく配色したユニフォームは見た目にも鮮やかなデザインになった。「O」を星形に変えた「SEIJOH」の文字も、竹内総監督が考えたものだ。髪型も自由。スタッフは当時のバレーボールでは珍しいスタジアムジャンパーを着用し、汗と涙

第73回春高バレーは1回戦で強豪の崇徳（広島）と対戦。中根監督にとって全国デビュー戦となった。

に象徴される高校バレーのイメージを一掃した。

「スタジアムジャンパーは、相当たたかれましたよ。アッハハ。学校の中でも外でも。バレーボールって、昔の日本代表を描いた『ミュンヘンへの道』という番組があって、当時はあれが正解だったんです。実際、他の高校は坊主頭。それに対して、僕がやってきたのは真逆のことでした。明るく楽しく、髪の毛も伸ばして、先輩も後輩もない。僕自身がそういうチームでやりたかったし、そういうチームがあったらいいのにって思っていました。周りからすれば『何をやっているんだ』というのはあったかもしれないけど、メディアにも取り上げられて、それが時代の先駆けのようにとらえてもらうようになりました」

圧倒的な強さに加えて、見た目の華やかさも併せ持った星城は、多くのファンを魅了した。中学生バレーボーラーの憧れの的になるのも、自然の成り行きだった。

邪魔をしちゃいけない

自主性を重んじる指導スタイルに舵を切りはじめたのは、監督に就任して6年目を迎えた頃だ。深津3兄弟の末弟、深津英臣が入学してきた。彼が3年生になるとインターハイで初めて日本一を獲り、「指導者をやめてもいい」という考えは胸の中に押し込めた。

「結局、僕はあいつのすごさに負かされたんです」

あらゆる技量がずば抜けていた。トスの精度も、身体能力もピカイチ。力の入れ加減にも秀でており、力強い相手と対戦するときはそれ以上の力強さで相手を打ちのめした。点を取る嗅覚にも優れていた。相手チームからすると極めて嫌な存在だった。

ある日の試合で、ベンチにいる竹内総監督が「あそこにトスを上げろ」と指示を出したことがある。すると、セッターの深津は決まって違うところにトスを上げた。しかも、それがいずれも得点につながった。

「そのときに、大学で監督に反発したときのことが頭をよぎったんです。もう教えることはないし、何より、深津はその時点で僕を上回っていた。『高校生ってすごいな』『大人よりもしっかりしてるな』。高い能力を持っている高校生はいるんだなと、そんなことを感じました。それからです。今でも選手を一通り眺めてみて、『この子にはそういう要素があるかもしれない』と思ったら僕からは何も言わないようにしています」

練習メニューの決め方にも変化が表れた。もともと竹内総監督が練習メニューを考えていたが、まずは深津に「どんな練習がしたい?」と聞くようになった。

「その練習の意図を選手に伝え、自分たちのモチベーションでどこに成長があるかを理解させた上で、自分たちの心でやらせていました」

例えば、深津に「○○高校を倒すために、お前が持ちたい武器って何？」と聞く。返ってきた答えに竹内総監督がアレンジを加え、もう一度「こういう練習でどう？」と提案する。ベースはあくまでも、先輩から受け継がれてきた練習だ。それを共有、ブラッシュアップして「その練習でいきましょう」というところからスタートする。

「勝利につながる、つながらないは別として、選手がやりたい練習をやると、本当にメキメキと伸びるんです。『自分たちのやりたいことや思いを聞いてもらえる』『自分たちが言い出したことには責任が伴う』という思いがあるのでしょう。それまでも自主性は大事にしていましたが、深津英臣が入学してより自主性が加速したと感じています」

大切にしているのは、選手が自分たちの心で練習に取り組むこと――。一つの動作、一つのボールに心をこめることだ。

「どんな練習でも、思い切って踏み込んだり、心をこめてボールをたたけば、質も高くなります。構え方一つとっても心が入っていることが重要で、『よし、この一本』と思ったときはいい構えができています。一方で、心が入っていないといい加減な構えでボールをとらえています」

監督という立場にもこだわりはなかった。とにかく強いチームの一員として参加していたい。何しろ、監督でなくても指導はできる。

だから、邪魔をしちゃいけない。

「歳を取れば取るほど、『こうやったら勝てる』『こうすればうまくいく』という先が見えてくるんです。それを求める指導者もいますが、実は選手にとってそれは楽しいことじゃない。楽しいのは、勝てるか勝てないかわからないところにチャレンジすること。それなのに、今の教育って、成功する方法を教えるだけじゃないですか。だから僕は、とにかく選手たちの邪魔をしちゃいけないと思っているんです」

もちろん、成功する技術や手法は教えてあげたい。いくつかの選択肢を与え、「あとはお前の好きな方法でやりなさい」というのも一つの手だ。そうすれば、選手は楽しいし、例えそこで失敗しても次の成功の糧になる。

勝つだけが全てではない。

「勝ってなんぼという話もあちこちで聞きますが、負けてなんぼみたいなところもあると思う。だけど、できるだけ高いところで負けたほうが、あとでいい財産になるとも思っています。だから、子どもたちの力で行けるところまで行かせてあげたい。スポーツはやはり、選手がメインですからね」

――石川選手が主将を務めていた六冠時代も同じように練習メニューを組み立てていたのでしょうか？

そう聞くと、竹内総監督は「あの頃は、本当に何も言わなかった」と笑った。

「『やりたいことをやったら？』みたいな感じでした。まあ、あの頃は中根もそうですけど、発想の豊かな子が4人も5人もいた。あれもやりたい、これもやりたいって練習時間が足りないくらいです。それぞれが自分のポジションのことを高めていましたね」

――どんな練習をしていたのですか？

「ポジション練習が多かったです。ゲームをやっても、レギュラーでチームを組まない。例えば、石川がこっちにいるから、リベロの川口は反対のチームに入って『石川に決めさせない』みたいな感じで。セッターの中根は中根で、『石川を使わないバレーボールで勝ちたい』という思いがあったようです。石川で勝ったと言われるのがしゃくだったのでしょう。石川以外の選手を使った攻撃の組み立てをいろいろ考えながらやっていました」

サーブで攻め、ブロックでワンタッチを取り、切り返しから得点を奪う。
随所にコンビネーションの良さを見せつけた。

――今のように情報が溢れている時代ではなかったと思います。どうやって練習メニューを考えていたのでしょう?

「彼らはバレーボールが大好きで、練習メニューを考える力もありました。いろんなチームの試合を見て――、例えば、Bクイックを得意とするチームがあれば、そのポジションの選手の動きを見て『この選手はこういう練習をしているんだろうな』というイメージを持ちます。じゃあ、自分たちは少しアレンジを加えてこういう練習をしようとか、あるいはこの練習をやったらここが強くなるんじゃないかと、試行錯誤しながら練習メニューを作ることを楽しんでいましたね。本当にすごい選手たちです」

――普通の指導者なら「この選手たちで日本一だ」と、勝つことにこだわったチーム作りをするかもしれません。

「僕は勝つことは求めていません。選手には申し訳ないと思ってたまに口にするんです。『勝ちたかったらチェスの駒のように動かしてくれる先生のところに行ったほうがいい』と。僕はとにかく、選手自身がバレーボールというものを知ってほしい。選手自身が楽しんでほしいし、難しさも選手自身でわかってほしい。簡単に点を取る方法を大人から教わって、難しさも知らずに『こうしておけばいいんだろう』とただ消化していると、どこかで飽きてしまいます。だけど、バレーボールって考えれば考えるほどいろいろあるよね、というふうに思いを膨らませてほしいんです。そう考えると、彼らには指導者になってほしいし、Vリーグにも行ってほしいし、レギュラーじゃなくてもいいから次のチームで『いや、俺はこう思うぜ』という一手を入れてほしい。そうすると、チームへの愛情も増すし、仲間をコントロールすることの難しさも知ることができます。バレーボール以外の世界でも役に立つことはいっぱいあるでしょう。そういう意味でも、点を取るところより、『考えて正解が見えた』『結果が出た』『チャレンジしている』ところを見ていたいですね。子どもたちが成長していくのが僕は楽しいです」

何より嬉しいのは、バレーボールが好きなまま選手を卒業させられることだと言う。例えカテゴリーが変わっても、それぞれの楽しみ方をすれば誰もが夢中になれるのがバレーボールだ。だから、選手を送り出すときは、「よく頑張ったね」と背中を押す。

次のチームではちゃんと参加しろよ。人に言われて動くのは、ただの部品だ。そうではなく、チームの心臓（中心）になったほうが楽しいぞ――、と。

応援されるチームになる

「感謝の気持ちを忘れずに！」

竹内総監督が星城に赴任したときからのモットーだ。黄色の文字でしたためられたえんじの横断幕は、今も試合会場で圧倒的な存在感を放っている。

「あれは、僕が自分に言い聞かせている言葉でもあるんです。勘違いしたらいけない。たくさんの人に支えられてきたことを忘れちゃいけない、という意味です」

例えば、愛工大名電の加藤先生は、バレーボールに取り組む環境を作ってくれた。

大学時代に反発した監督は、竹内総監督が指導者として初めて春高バレーに出場したとき、「若いと練習試合を組むのも大変だろう。ここに行ってこの人に助けてもらえ」と練習試合を組んでくれるチームの連絡先をリストにして渡してくれた。

「たくさんの人に『子どもだな』『ヤンチャだな』と言われ、大きな器の中で転がされながら、それでも、落ちそうなところまで行って、引き揚げてもらってきました。そういう、いろいろな人への感謝を忘れちゃいけないと思って、最初にあの横断幕を作ったんです」

イタリアに渡りプロのバレーボール選手として活躍する石川は、今も竹内総監督から学んだ「感謝」の気持ちを口にする。2021年の第73回春高バレーではスペシャルサポーターに就任し、テレビ番組やインターネットを通して高校生にエールを送った。

だが、そんな石川も竹内総監督によると、星城に入学してきた頃は「小さい選手」だった。

「トップクラスの選手と比較したときに、群を抜いていたのは3年間で身についたしなやかさです。僕はもともと筋トレを後回しにしていて、その理由は、体の柔軟性やしなやかさを生かしてボールタッチをし、そこに筋力が上回ってくるとすごいパワーが生まれると思っているから。それに対して、反復練習で一つの動きばかりしていくと、その動きしかできない体になってしまいます。だから、いろんなことをやらせて、とにかく柔軟性が大切だと言い続けてきました」

それに加えて、石川は「心のしなやかさ」が長けていた。

「自分が伸びるアイテムや場所、方法などを見いだせる思考回路を持つんだよと、今の選手にも話しています。石川にしても、大学に行きつつ、海外と日本のバレーとのバランスがしっかり取れていた。海外に行きたいから大学を捨てるとか、日本代表になりたいから海外を捨てるじゃなくて、いろいろな人と話をして、大学、海外、日本代表の全てにおいて活路を見出してきた。そういう意味でも、頭も柔軟に、人としての心もしっかり養い、何一ついい加減にすることなく、全てを大事にして進んでいると感じます」
前に出たがらない性格の石川を諭したこともある。石川が高校1年生のとき、山口県で行われた国体でのことだ。
試合が終わり、会場をあとにする石川を地元の小中学生が囲んだ。着ていたシャツの裾をピンと張り、「ここにサインしてください」と笑顔を見せる。初めての体験に、石川は「えっ、僕?」と戸惑った。
そこに、竹内総監督が合いの手を入れた。
竹内「してやれよ、サインを」
石川「サインなんてないですよ」
竹内「石川祐希って書けばいいんだよ」
石川「だって、先生、これ着てるシャツですよ」
竹内「そこにサインが欲しいという子がいるんだから、そこにしてあげたらいいんじゃないか」
石川「シャツがダメになっちゃいますよ」
竹内「サインが書いてあるシャツがほしいんだから、書いてあげたらいいいんだよ」

ファンとの交流はここがスタートだった。

「バレーボールというカテゴリーの中では、『僕なんて』じゃなくて『石川祐希』なんだ。今プレーできているのはバレーボール界があるからであって、バレーボール界が盛り上がればもっと楽しい世界が見られるようになる。だから、バレーボール界のためにも、サインや握手を求められたら、できるだけしなさいという話をしました。高校生のときも彼の出待ちがいっぱいいたけど、全員に対応するまでチームみんなで待つよ、という話をしたことがあります。人が多くて収拾がつかないようなときは、『ごめんなさい』という心を持って裏から出ようとか。それくらい、ファンが大事だという話をしました」

常に抱いてきた「感謝の気持ち」と「応援されるチームになろう」という無垢な探究心。それが星城バレーの強みであり、チームの背骨を構成してきた最大の要素だ。

応援されることは勝つことより気持ちがいい、と竹内総監督は確固たる信念を持っている。

練習は質を高めて量を増やす

2020年4月、奇跡の世代の一員である中根聡太さんが教員として星城に赴任した。

キャリアの絶頂期とも言える中での突然の引退、そして教員の道へ。多くのバレーボールファンを驚かせた。

さらなるサプライズは翌21年1月、コーチから監督に立場を変え、春高バレーで指揮を執ったのだ。一回戦で敗れはしたが、粘り強いディフェンスで何度もボールをつないだ。新しい星城のスタートを予感させる大会になった。

——中根監督の初采配はいかがでしたか?

大会から1カ月ほどが過ぎた2月上旬、聞きたかった質問を竹内総監督に投げかけた。

「まあ、失敗は多いですよ。僕自身もまだ見守る経験が少ないので、『口を出しすぎたかな』『今、中根の邪魔をしていないかな』と模索している段階です。それでも、お互いに大人ですから、『邪魔なら邪魔と言ってくれよ』とかね。指導者を育てるなんておこがましいけど、失敗してやめたりとか、環境が手に入らないことを妬んだりすることがないように、今あるものの中で切り抜いていく思考を持ってほしいと思っています」

とりわけ育成に対する情熱は尽きない。春高バレーでは黒子に徹した竹内総監督だが、現場から離れるつもりは毛頭ない。

「この年代の子たちは質——、心がこもっていないと身についていきません。『量より質』

試合中、選手に声をかける中根監督（右）。タイムアウトやセット間には、
円陣の中心に入って積極的にアドバイスを送った。

を実践されているチームは多いと思いますが、これからは『質のある量』をこなしたチームが力をつけていくと僕は思っています。つまり、『質を高めて量を増やす』。そうなると、練習量をこなさなければいけません。働き方改革に逆行するようですが、高校生にとって時間は3年間しかないし、その3年間で選手を壊すようなメニューは組まないようにしています。大事なのは、寝転んでゴロゴロしていてもいいからボールを触るなど、バレーボールを考える時間をたくさん作ってあげること。バレーボールを通してものを考えるとか、人を大切にするとか、社会人として必要なことを身につけさせてあげれば、それはすごく武器になる。バレーボールだけにならないように、ということは少し意識しています」

最後に聞いた。一番バレーボールが好きなのは、実は竹内先生なのではないですか。

「最近、自分でもそう思っています。どんどん好きになっているな、と」

監督の座は譲ったが、まだ40代半ば。今は何ができるかを模索している段階だ。慌てちゃいけないと思いつつ、質の高い選手が早く海外に目を向けられるように環境を整えてあげたいと言う。

満天の夜空に燦然と輝く星をつかみ取る――。中根監督が率いる星城と竹内総監督が切り拓く新たな時代に、胸を躍らせずにはいられない。

星城

中根聡太監督

「楽しいからもっと上手くなりたい」

高校での3年間ですごく変わることができました

Vリーグの初優勝を手土産に、2020年、突然の現役引退。教員の道に進み、母校の星城高で教鞭を執ることになった。コーチを経て、2021年1月の春高バレーで監督デビューを果たす。1回戦で敗れはしたが、粘り強い守備を披露した。果たして、「奇跡の世代」の一員である名セッターは、監督として再び立つことになった春高バレーで何を感じたのか。そして、現役時代はどんなことを考えながらコートに立っていたのか。若き指揮官に話を聞いた。

なかね・そうた　1996年3月2日生まれ、愛知県出身。星城高時代は「奇跡の世代」の一員として史上初の六冠を達成。筑波大を経てジェイテクトSTINGSに入団。173センチと小柄ながら、チームを勝たせることにかけて右に出る者はいなかった。2019-20シーズンは途中から正セッターとなり、チームをVリーグ初優勝に導いた。直後に現役を引退。教員として母校の星城高に赴任した。

ストーリーを完成させるために、1点1点が全てアドリブ

――星城高校を進学先に選んだ理由から教えてください。

中根　中学1年生のとき、お母さんから「星城がインターハイで優勝したよ」と聞いたのを覚えています。でも、そのときは中学の部活に夢中で、星城の名前はもちろん春高バレーの存在すら知りませんでした。その後、JOC杯に出場する愛知県選抜のメンバーに選ばれ、星城と練習試合をする機会が増えました。その中で星城の練習を見て、「ここでバレーボールがやりたい」と思うようになりました。チームメートに「星城に行きたい」という子がたくさんいたことも大きかったです。

――竹内先生は自主性を重んじる指導です。

中根　はい。バレーボールを心底楽しんでいた記憶があります。楽しいからもっと上手くなりたい。そういうマインドがあったので、常にポジティブに練習に取り組めていました。

――自分たちで練習を考えるのは大変ではなかったですか?

中根　大変だと感じたことはなかったです。練習が嫌だとか、疲れるとか、そういう感情は一切ありませんでした。上手くなりたい、強くなりたい、勝ち続けたいということを常に

考えられるメンバーでしたから。数カ月後の自分たちをイメージして、「こういうことができるようになったら、もっと勝ちやすくなるよね」という話をしながら練習メニューを決めていました。

――やればやるほど上手くなる感覚はありましたか？

中根 高校のときはありましたね。練習は「質×量」なのかなと。理屈はあまり理解していなかったけど、たくさん練習すれば、たくさん上手くなるというのは、そのときから感じていました。

――私が知っている中根聡太という選手は、アタッカーを尊重し、アタッカーのために、アタッカーが打ちやすいトスを上げるセッターです。そういうプレースタイルはどの段階で身についたのでしょうか？

中根 高校のときです。でも、1年生の頃はセッターの魅力を、相手のブロックを外すことだと思っていました。セッターは点が取れない分、〝点の取り方〟で自分を主張したくなるんです。ところが、いつだったか竹内先生から「(決定力の高い)アタッカーがそろっているんだから、セッターがトスをこねくり回さなくても点が取れるだろう」と言われました。確かにそうだなと。言われてみると、点が取れる場面でも、僕がトスをこねくり回して失点するとか、よくない方向に進むことが多かったんです。そこから、「いいトスを上げていれば勝つじゃん」と思うようになりました。僕が目立たなくても、勝てたら楽しい。その頃から僕の主張が減っていき、アタッカーを尊重して、アタッカーに気持ちよく打たせる。そう考えが変わっていきました。

——人間性の部分で学んだことは？

中根　これはたくさん学びましたよ。言葉で表現するのはめちゃくちゃ難しいんですけど。もちろん、礼節もそうだし、「感謝の気持ちを忘れない」こともそう。他にも、仲間を大切にすることとか。両親、先生方を含め、たくさんの人たちの支えがあって、僕たちは頂点に立つことができました。うまく言い表せないけど、僕は3年間ですごく変わることができたと思っています。

——ジェイテクトSTINGSジュニアの宗宮監督が、中根さんは25点のストーリーが描けるセッターだと言っていました。心当たりはありますか？

中根　それは、わかりません（笑）。僕にとっては、25点のストーリーという感覚じゃないですね。もちろん、台本は先に作っているのかもしれない。だけど、台本通りに行く試合ってほとんどないじゃないですか。途中で相手のセリフが変わってきたり、僕自身が違うセリフを言ってしまったり、常にアドリブになるのがバレーボールだと思います。その意味で言うと、25点を取り切るために――、ストーリーを完成させるために、1点1点を全てアドリブで取っていくようなイメージです。

自分の足で歩いていける、考える力がある人間を育てたい

――なぜ教員になって星城に戻ってこようと思ったのですか?

中根 企業で過ごす1年間より、教員として過ごす1年間のほうが、自分が成長できるチャンスが多いと思ったからです。確かにVリーグで常に試合に出ていれば、たくさん経験を積んだり、豊かなバレーボール人生を送ることができたかもしれません。でも、それができるのは、ほんの一握りの人間だけ。勝ったら嬉しいし、負けたら悔しいけど、試合に出ていないとそういう感情が湧き上がることもなくて、そのことをジェイテクトSTINGSに入った1年目で身をもって感じました。ベンチにも入っていない自分だとか、応援してくれる両親を含め、ファンの方々に自分のプレーをコートで披露できないことが、僕の人生の中でワースト3に入るくらいの悔しい現実だったんです。それだったら、教員のほうが自分にとってプラスになる。そう思うようになりました。

——教員になって1年が経ちました。

中根 めちゃくちゃ難しいです。大変というよりも、この仕事は難しいという感情が先に湧いてきますね。

——どのあたりが難しいですか？

中根 一番は物事を伝えること。高校生に限らず、いろんな性格を持った人がいます。家庭の事情も様々です。その子に合った引き出しを持っていることが重要で、この子とこの子に合う引き出しは持っているけど、この子に合う引き出しは持っていなかったらどうすればいいか。それで指導するのを諦めるのかというとそうではない。つまり、40人いたら40通りの指導の仕方がある中で、いったい何通りの引き出しを持っていますか、ということが重要になるんだと思います。

——2021年の春高バレーは監督として指揮を執りました。

中根 結局、あそこで試合ができるかできないかは、試合までの日々で全てが決まります。一回戦で負けたという結果が出た時点で、今はそれまでの過程で何がダメだったのだろうと考える日々です。

——指導する喜びは感じていますか？

中根　まだ自己満足ですけど、楽しいですよ。バレーボールを眺めていて、違うと思ったら指導したり。その変化が高校生は顕著に表れますから。どんどん成長していく彼らを見ているのが楽しいです。

──充実してますね。

中根　充実はしています。ただ難しい。そう考えると、竹内先生は本当にすごいです。何しろ、発想が豊か。しかも、その発想がブレません。正統なことを言っているんだけど、それを違った視点から説明してくれるから、ストンと腹に落ちるんです。

──星城をどんなチームにしていきたいですか？

中根　どうでしょう……。これまでの星城に合わせる部分はあるし、自分が信念を持って伝えたいことは伝えていきたい。僕のカラーに染めようなんて全く思っていません。自分で考えて、自分の人生を自分の足で歩いていけるような、考える力がある人間を育てていきたいと思っています。

慶應義塾

渡辺大地監督

「自主性、自立、自律」

徹底した放任主義で、選手の考える力を養う

創部68年目にして春高バレー初出場。そのとき25歳。就任わずか2年目の青年監督が、伝統校の歴史に新たなページを刻んだ。原動力となったのは、渡辺監督が掲げる徹底した放任主義。キャプテンを中心に練習メニューを組み立て、「どうすれば勝てるのか」を選手たちに考えさせる。そして「これなら春高バレーに行ける」と思った時点でチームを手放す。選手一人ひとりが正解に向かって考え、その道筋を自らの力で導き出すことが指導の根幹にある。

わたなべ・だいち　1991年4月21日生まれ、東京都出身。幼い頃からバレーボールに親しみ、サレジオ中時代は東京選抜の一員としてJOCジュニアオリンピックカップに出場。東亜学園高では、1年時に春高バレーの優勝を経験した。日本体育大学でもキャプテンを務めると、卒業後は現在の慶應義塾高に赴任。監督に就任して2年目で、チームを初の春高バレー出場に導いた。

渡辺大地監督の「考えるバレー」とは？

一

考え抜いた先に正解を導き出す

中学3年生時は、部員4人からのスタートだった。恩師から学んだのは、バレーボールの全てだ。考えた先に、必ず答えがあるという指導だった。スパイクの打ち方など、細かいことから王道まで、あらゆる技術をたたき込まれた。

二

心のトゲを取る

高校時代、悩んでいるときに必ず声をかけてくれたのは当時の監督。「そんなのはこうやればいいんだよ」と諭すように話してくれた。指導者の立場になり、選手の心のトゲを取るときは、練習環境を変えるなどあらゆる手段を使う。

三

勝てると思ったらチームを放任する

「これなら春高バレーに行ける」というレベルまでチームを強化してきたら、あとはキャプテンに任せる。肝心なことは、勝つためにどうしたらいいかを選手同士で話し合うこと。選手自身が価値を見出せない練習は、やる意味がない。

四

そのときそのときに勝つチームを作っていく

慶應義塾のバレー部に入部する選手のうち、経験者は毎年2割ほど。スカウトができないため、蓋を開けてみないとどんなチームになるかわからない。毎週のように練習試合を組み、トライアンドエラーを経ながらチーム作りをしていく。

五

選手から湧き上がるモチベーションを大切にする

絶対に勝ちたい、春高バレーに出たいと思ったら、例え高校生でも「どうしたらいいだろう」という考えに行きつく。そこから、正解に向かって選手一人ひとりが考え、自らその道筋を導き出す。結果を出したときの喜びは何よりも大きい。

お前がみんなを春高バレーに連れて行くんだよ

「3回戦の壁を越えるのか、慶應義塾！」

「このセットを取ったほうが準々決勝に進出です！」

実況アナウンサーの声にならない声が、静かなスタンドにこだまする。

2021年1月7日の東京体育館。新型コロナウイルスの影響により無観客で開催された第73回春高バレーは、その日、3回戦を迎えていた。

勝てば、チームとして初めてベスト8に進出する。フルセットにもつれ込んだ一戦は、僅差のまま最終局面を迎えていた。白地に青と赤のシンボルカラーが躍動する。はち切れんばかりに青春を謳歌する選手たちの姿が、そこにはあった。

慶應義塾の中心は、キャプテンでエースの渡邊大昭くん。身長190センチ。宮城県の出身で、中学のときはJOCジュニアオリンピックカップの優秀選手に選ばれたほどの逸材だ。勉強もバレーボールも両立したいと、「塾高」の門をたたいた。

ダイナミックなフォームから繰り出される豪快なスパイクで、相手のブロックをことごとくたたき割った。意志の強そうな眉とキリリと引き締まった口もとに、強烈なリーダーシップを感じさせる。

だが、その渡邊くんも、「入学した頃はネガティブの塊みたいな性格でした」とチームを率いる渡辺大地監督は言う。

「入学するとき、私に言ったんです。『先生、僕の代は春高バレーに行けますか?』って。同じ神奈川県には全日本クラスのエースを擁する高校があって、他にも強豪校がたくさんありました。僕なんかが行ける気がしない、と言うんです」

渡邊くんのお母さんがいる前でこう言った。

「お前がみんなを春高バレーに連れて行くんだよ」

果たして、約束は現実のものとなった。

「渡邊も『ボールを呼べるようになった』と言っていました。『俺にトスを持ってこい』『チームがつらいときは俺が決めるから』と。おそらく新チームになってからだと思います。トップに立つと自覚も出るのでしょう」

強豪ひしめく神奈川県大会を2位で突破。本大会も1回戦、2回戦をそれぞれストレートで勝ち進んできた。

快進撃の要因は渡邊くんだけではない。エース対角の内田晃太くんはアウトサイドヒッターでありながら、ブロード、時間差とあらゆるコンビネーションを披露。高校からバレーボールをはじめたミドルブロッカーの北山航一郎くんは積極的にクイックに入り、1年生の稲井正太郎くんも怪我による欠場を余儀なくされた3年生の代わりに活躍した。

惜しくも3回戦で敗れ、チーム初のベスト8入りは逃した。目標だった準決勝からの舞台、センターコートに立つこともできなかった。

だが、得点が決まれば両手を突き上げて全身で喜びを表し、エースの奮闘をハイタッチで称えた。セット間あるいはタイムアウト中も、チームを勝たせるために懸命の策を立てた。知性と熱量を併せ持った若き指揮官が、無名だった慶應義塾を全国の強豪と肩を並べるところまで導いた。

渡邊くんが試合後に流した大粒の涙は、渡辺監督との濃密な3年間を証明するものに違いなかった。

慶應義塾
渡辺大地 監督

2017年の第69回春高バレーで初出場。1回戦で鳥取商（鳥取）、
2回戦で西原（沖縄）を破りベスト16に進出した。

考え抜いた先に正解を導き出す

取材時の年齢は29歳。大学時代のプロフィールによると身長は180センチ。体育館を背景にした立ち姿が、好印象を与える。柔和な人柄で、見た目も爽やかな青年監督。黄と青の鮮やかなバレーボールのカラーも、違和感なく溶け込んでいた。

しかし、ことバレーボールに関していうと、渡辺大地監督が歩んできた道のりは山あり谷ありの連続だった。

公立中学でバレーボールの指導をしていた父の影響で、物心ついたときからバレーボールがそばにあった。

土日になると、両親と3つ上の兄と一緒に練習試合について行った。山奥に学校があり、夏休みには調理室を利用して母が選手の昼食をこしらえていた。時間を見つけては、近くの川に行ったり、兄とクワガタを採って遊んだ。

親交が深かったのが、バレーボールの名門サレジオ中学の八木義光監督だ。いつだったか、「S」のマークが入ったボールをプレゼントされた。渡辺少年にとって、それが初めてのバレーボールだった。次第に心を惹かれ、小学4年生で地元のクラブに入った。楽しくも、厳しい指導でメキメキと実力を伸ばしていった。

サレジオ中に進むと、小学1年生からやってきたピアノが生きた。サレジオ中には3年生の卒業演奏会があり、全員がピアノをソロ演奏する独特の学校行事があるという。

渡辺監督が選んだ曲は――。

『ベートーヴェン/ピアノ・ソナタ第8番「悲愴」第1楽章』

中学生にとっては、とりわけ難易度の高い曲だ。

――ピアノとバレーボールのつながりはあるのでしょうか?

音楽に関しては門外漢ゆえ、興味本位で尋ねてみた。すると、渡辺監督は真面目な顔でこう答えてくれた。

「リズム感ですね。ただ、ピアノをやっていない自分を知らないので、本当に効果があるのかはわかりません。私の場合、ピアノは八分音符とか四分音符とかの記号で理解するのではなく、イメージで弾くんです。それがバレーボールで言うと、テンポと照らし合わせて、『このトスの高さだったら、この感覚で跳べばいいんだな』『この感覚でトスを上げたらピッタリ合うな』というのがわかる。もしかしたら、音楽をやっていたおかげかもしれませんね」

それだけではない。鍵盤を弾く繊細な指先の動きは、直径20センチ（高校からは21センチ）のボールを操ることにも生かされた。のちに東京代表として出場したJOCジュニアオリンピックカップで優秀選手に選ばれたことも、そのことを証明していると言えよう。

しかし、3年生が引退したあとの新チームは、4人からのスタートだった。しかも、経験者は渡辺監督だけ。残りの3人は未経験者だった。

練習ではボールを拾ってくれる人がいない。4人でスパイクを打ち、ボールがなくなったら全員でカゴを持ってボールを拾いに行く。また違う場所からスパイクを打ち、全員でボールを拾いに行った。レシーブの練習も、一人が打って一人がレシーブをし、残りの二人がボール拾い。新人戦はサッカー部のGKに、「後ろにいるだけでいいから」と言って入ってもらった。

そんな状態が数カ月続き、新たに1年生が入ってきてようやくチームが機能するようになった。

八木監督から学んだのは、バレーボールの全てだ。

「選手に考えさせるバレーでありながら、答えが必ずあるという指導でした。『何でこれができないんだ！』というのではなく、『こう言ったのにどうしてやらないんだ』『じゃあ、どうしたらいいと思う?』『こういう手段とこういう手段もあるよ』『お前はどの引き出しを使うんだ?』『じゃあ、やってみよう』という感じです」

例えば、ボールがネットに近いところに上がったとき、ただ力任せにスパイクを打つのではなく、「窓を拭くように、ボールをスライドさせて相手コートに落としてごらん」と言われた。その通りにやってみると、うまく点を取ることができた。トスが短いときは、早く助走を取ってクロス側に打ち込む。時間差は体の向きに対して反対側に打つ。細かいことから王道まで、あらゆる技術をたたき込まれた。

練習環境を変えて心のトゲを取る

根っからの負けず嫌いだ。

「今はだんだん大人になってきましたけど」と青年監督が素顔をのぞかせる。中学生の頃はジャンケンひとつ取っても、ズルをしてでも勝たないと気が済まなかった。

心残りがある。

中学2年生のときに一つ上の先輩が全日本中学校選手権大会――いわゆる全中を制し、

日本一に輝いた。しかし、その翌年、自分たちの代では全国大会のコートを踏むことすら叶わなかった。関東大会で1回戦負け。キャプテンとしてチームを引っ張りながら、10回以上続いていた全国大会の連続出場を途絶えさせてしまった。

「関東で唯一、勝てないチームがあったんです。練習試合をしても、1セットにつき18、19点しか取れなかった。他のチームならどこと当たっても勝てる自信があったのに、運悪く関東大会の1回戦でそこと当たってしまいました。1セットを取ってフルセットに持ち込んだけど、最後は自分が足をつって何もできなくなりました」

非運は、それで終わらなかった。

全中の開会式は、前年度の優勝チームが旗とトロフィーを持って先頭を切って入場しなければいけない。関東大会で負けたからといって免除されるわけもなく、渡辺監督も大会が開催された徳島まで行くことになった。

「チームメートと二人で旗とトロフィーを返還しに行ったんです。体育館の入り口にすべてのチームの全選手がユニフォームを着て並んでいるのに、僕たちは二人しかいない。『あいつら、負けたんだぜ』という周りの心の声が聞こえてくるようで、すごく悔しい思いをしました。本当にあれはキツかった。中学生だから、やっぱり馬鹿にされるし。それは強

慶應義塾
渡辺大地 監督

未経験者も入部してくるが、選手一人ひとりが自立した考えを持ち、正解までの道筋を導き出すことで、たくましく成長を遂げてきた。

烈な思い出でしたね。鮮明に覚えています」

こんな苦い経験で終わりたくない。自分も日本一になりたい。

幸いにも、日本一になったサレジオ中の先輩の多くが同じ東京の東亜学園に進学していた。しかも、彼らが1年生のときは春高バレーで優勝している。

高校の進学先に迷いはなかった。

——東亜学園では1年生のときに春高バレーの優勝を経験しています。

「先輩に恵まれたと思っています。メンバーの中で唯一、1年生の私が抜擢されました。セッターの対角に入ったので、私が前衛にいるときは必ずアタッカーが3枚になります。ライトもあるしレフトもあるし、クイックもある。相手のブロックが分散されるので、得点が取りやすいラッキーポジションでしたね」

——チームとしては、どんなバレーをしていたのですか?

「シンプルにエースが打つという戦い方です。コンビバレーではなく、星野秀知さん（東レアローズ）がエースで、彼にトスを上げておけば全部決めてくれる。その中で私は、自分の役割をこなすという感じでした」

――上級生の中に一人だけ下級生が入る上での心構えはありましたか？

「すごくクールな先輩たちで、いい意味で点を取っても喜ばないんです。自分をブラしちゃいけない、1本取っても次のことを考えるというのがその理由でした。私も下級生なりに頑張らないといけないと思って、リベロの先輩と『声を出しましょう』と言ってコートを走り回っていました。あと、一番大きかったのは、『足を引っ張っちゃいけない』と思っていたことですね。練習試合でしたが、23対24の終盤で私がミスをして負けてしまったことがあるんです。そのとき、先輩から『公式戦でそんなミスをするんじゃねえぞ』と叱られました。そういうこともあって、とにかくミスをしないように、自分が与えられた仕事をする、ということだけを考えてプレーしていました」

――指導者の立場になって、今の1年生に同じ言葉をかけますか？

「いえ、かけません。大前提として、私が経験した頃とは先輩後輩の関係が違います。今の慶應義塾の場合、もっと楽しそうにやっていますからね。それでも、コートに入る下級生にもプレッシャーはありますから、やはり声をかけるとしたら『思い切ってやれ』と言うだけです。今年の春高バレーも1年生がスタメンで入っていましたが、『お前がミスをしても誰も責めないし、誰も文句は言わない。フレッシュに全力でやればいいんだよ』と言って送り出しました」

東亜学園では、とにかく「勝つこと」をたたき込まれたという。

このチームに対してどう戦うか、どんな戦術が有効なのか、こんなはめ方がある、こうすれば勝てる――ここを狙えばこうなるということを練習試合や公式戦の中から教わった。

「それは今でも、私の中ではいい財産になっています。こういうチームを作れば、神奈川県のチームには勝てるというのが組み立てられるので」

人間性を高める上でも学ぶことは多かった。

とりわけ親身に接してくれたのが、名将として知られた小磯靖紀監督だ。

「すごく情のある方でした。英語の教員だったこともあって、学校の仕事をたくさん抱えていたんです。それでも、練習は必ず見にきてくれました。そして、自分が悩んでいるときは必ず声をかけてくれるんです。『おい、最近どうした』って。『実は…』と言うと、『そんなのはこうやればいいんだよ』『コーチはこう考えてお前に期待しているんだから』『深く考える必要はないよ』と諭すように話してくれました。心のトゲを取ってくれましたね。技術指導はもちろん、精神的な部分、人間的な部分で小磯先生の存在は大きかったです」

指導者になった今も、渡辺監督は選手の表情を常に気にかけているという。

「『楽しそうにやってるな』『生き生きしているな』『ちょっとマンネリ化しているかな』『練習に不満があるようだな』ということは一瞬でわかります。そういうときは、あえて声をかけなかったり、他の生徒を使って『どうした。何であんな顔をしているんだ?』と聞いたり、直接話したり。心のトゲを取るために、練習環境を変えたり、あえて間接的に言うなど、いろいろなことをしますね」

だから、指導者の思い込みだけで選手を型にははめられない、と言う。

人間関係も同じだ。声を出して元気いっぱいの子がいれば、淡々とプレーする子もいる。内気な子に「どうして声を出さないんだ!」と怒鳴っても意味がない。渡辺監督は、その子にあった対応をすることを心がけている。

勝てると思った時点で放任する

「子どもの頃から、日体大でバレーボールをしていた父に憧れを抱いていました。サレジオ中の八木先生も日体大の出身で、私自身も中学2年くらいのときに日体大に行きたいと思うようになりました。両親がいて、八木先生が人生の道を作ってくれた。そういう人たちのおかげで、今ここにいられるのだと思います」

念願だった日本体育大学に進学すると、「自分で考えるバレーボール」を学んだ。

「監督という軸がいて、そこに寄り添いながら自分たちで勝つパターンを考えるスタイルでした」

はじめは教員免許を取ることが、大学進学の目的だった。だから、バレーボール部に入っても、「ずっと球拾いでいいや」と思っていたという。

「それなのに、試合で使っていただいて、4年生のときにはキャプテンまでやらせていただいた。その中で、大事にしていたのは自立です。自主的に考えて、勝つためにはどうしたらいいかを仲間と話し合いながら考えて、それで結果を出すことができました」

中学、高校で成し遂げられなかった自分の代での優勝を、初めて味わうことができた。

「どうしたら勝てるのかを真剣に考え、それを試合で試し、ダメだったことを改善する。それができたのが大学時代でした。そして、今、慶應義塾の選手に求めていることが、まさに自分が大学でやってきたことです。そのやり方で勝ったときは、高校で勝ったときよりも嬉しかった記憶がありますね」

大学卒業後は、現在の慶應義塾に赴任。1年間コーチを務め、2年目で監督に就任した。だが、当初は選手たちを自分のやり方にはめようとした。

これがうまくいかなかった。選手の反感を買ったのだ。

「こんな練習に意味があるんですか?」と涙ながらに訴えてくる当時のキャプテンに、渡辺監督はこう返した。

「じゃあ、自分たちでやってみろよ。俺が言うことをやらないのなら、お前が勝つ手段を考えてみろ」

選手自身が価値を見出せないのなら、その練習はやる意味がない。口を出すことをやめ、新人戦が終わって関東大会がはじまるまで、約2カ月間何もしなかった。体育館には出てくるが、練習の様子をただ黙って見ているだけ。文字通りの放任である。

すると、自分が大学で学んできた「選手の自主性を重視する」やり方が、高校生にもできることに気づかされた。選手が本気で春高バレーを目指すようになり、キャプテンを中心にチームが一つにまとまっていった。

やがて、「こういう練習をしたいので球出しをしてください」と選手のほうから歩み寄ってくるようになった。もともとあった練習量に、質がかけ合わさった。

試合で出た課題に対して、「こういうふうにやったらいいんじゃないの?」「じゃあ、やってみます」というやり取りが増えてきたのも明るい材料だった。それで勝てなかったら、また選手が相談に来て、練習メニューを組み立てる。試行錯誤の繰り返しがはじまった。

「それが今の時代には合っているのだと思います。『こうしなさい』『はい、やります』では、チームはうまく回りません。そのことを当時のキャプテンに気づかされて、そこからはじまったのが今でも実践している放任主義です」

監督就任からわずか2年で、チームを初めて春高バレーに導いた。創部68年目での快挙。25歳のときだった。

そのときそのときに勝つチームを作っていく

2020年は世界中のあらゆるスポーツが止まった。スポーツで華やかな一年になるはずだったのが、新型コロナウイルスの影響で霧散と化した。

同年3月2日、部活動の休止通達が学校から入った。そのとき、渡辺監督は全員を集めてこう言ったという。

「今日から練習ができない。でも、練習が再開するまでに今と同じくらいか、もしくは今よりもパフォーマンスが上がっていないと勝てないよ。勝ちたいなら、自粛期間中もトレーニングをしたほうがいいんじゃないか。必要だったら、トレーニングのやり方を教えるから連絡してきなさい。じゃあ、また再開する日まで。さようなら」

そして、8月、久しぶりに再会した選手たちの姿を見て、渡辺監督はほくそ笑んだ。

「すごくよくなっていました。本当にすごいなと思いましたね。これが、『やらされる』練習と、本当に勝ちたいと思って『自分が主体になってやる』練習との違いなのかと。それは、見ただけでわかりました。リベロなんて、レシーブの構えが低くなっていて、逆にうまくなっていましたから」

そこが春高バレーに向けたスタートだった。

まず神奈川県で勝つことを目標にした。それを念頭に置いた上で、渡辺監督は3つのテーマを掲げた。

①新人戦（2020年2月）の状態に戻せるか。
②1年生を起用した中でチームがうまくマッチするか。
③神奈川県大会までの期間、自分たちの力で練習していけるか。

チームの実力を周りと比較したときに、新人戦の状態まで技術が戻っていれば、どこが相手でも負けないと考えていた。

その上で、初めて練習に参加する1年生がうまくマッチすれば、さらに強いチームになるはずだ。できるだけ短い時間で、1年生をチームに馴染ませたかった。

練習再開からしばらくして、4日間ほど練習ができない期間があった。その影響か、チームの動きが少し鈍くなっていた。渡辺監督はキャプテンの渡邊くんに「このままで大丈夫か?」と尋ねた。すると、こんな答えが返ってきた。

「大丈夫です。自分たちで何とかするので、どうしようもなくなったら手を貸してください」

確信に変わった。その言葉に渡辺監督は、渡邊くんのキャプテンとしての自信と、「自分たちのやり方でチームを作っていきたい」という決意を感じた。

「もちろん、渡邊からすれば『何も言わないでくれ』というわけではなかったと思います。でも、それ以降は練習メニューを相談されても、ほとんど『任せる』としか言っていません」

10月になると1年生を加えたメンバーが決まった。神奈川県大会までの1カ月半の伸び代と完成したチームのイメージが出来上がった。

ここで渡辺監督はチームを手放した。

2年連続3回目の出場となった2021年の第73回春高バレー。取り組んできたリードブロックが機能し、1、2回戦をストレートで快勝した。

「もともと春高バレーには絶対に行けるという自信があった上での新チームのスタートでした。だから、そこのレベルまで到達できれば勝てるという確信があったんです。ただ、それを取り戻すのに、2カ月が必要でした。もし、自粛期間中に選手がトレーニングをやっていなかったら、もっと時間がかかっていたと思います。神奈川県大会のギリギリまで私が練習に介入していたでしょう」

そして、11月15日に行われた神奈川県大会の準決勝で川崎市立橘高をフルセットの末に下し、2年連続3回目となる春高バレーの出場を決めた。

――チーム作りの計画はどれくらいの単位で考えますか?

「1年間のシナリオは、全て考えています。そのときのメンバーで決めることが多いですね。例えば、今の1年生を基準とするなら、その子たちが2年生、3年生になったときにどういうチームを作るのか。また次の1年生が入ってきたら、この子たちの代が3年生になったときにどうやって勝っていくかを考えます」

――そこから短期間に刻み、そのときの課題に応じて練習メニューを考えていくということですか?

「練習メニューは、1週間のサイクルで考えます。例えば、練習試合でリードブロックがうまくいかなかったとします。すると、どうしてうまくいかなかったのかを考えます。手の出し方がダメだった。目の使い方が悪かった。じゃあ、それを来週までに改善しなければいけません。『そうすると、どういう練習が必要？』と聞きます。じゃあ、ステップからやります。2枚ブロックをやります。どうしてうまくいかないの？　声をかけていなかったから。ステップのスピードが悪かったから、というのを見て、トレーニングが必要であればトレーニングの時期を設ける。で、また1週間後に練習試合をして、できたかできなかったかを確認します。もし、できなかったのなら、またそれを改善できるように練習します」

――トライアンドエラーを経て理想のチームに近づけていくということですね。

「でも、ほとんど計画通りにはいかないんです。途中で怪我をする選手が出てきたり、うまくいかなかったり、逆にうまくいきすぎて予定より練習を早めることもある。そのときそのときに勝つチームを作っていくという感覚ですね。とにかく練習試合のフィードバックが重要だと思っているので、毎週、練習試合をすることは心がけています。そこで課題が出て、次の練習試合の相手に勝つために練習をします」

――チームを放任するのはどのタイミングですか？

「イメージがあるんです。『今のチームはこういう状態だから、ここまで行ったら神奈川県で優勝できるだろう』というイメージ。自分の中でそこに到達できたら放任します。でも、到達していないのに、はじめから『君たちでやりなさい』は違いますよね。例えば、今年の春高バレーに出場したチームも、2年越しのチームでした。2年前に一からはじめたんです。スパイクの打ち方、レシーブの仕方からはじめて、ある程度のところまで実績がついてきて、これだったら勝てるだろうというところまで行きました。そこから、『じゃあ、あとは自分たちに何が必要なの?』というところにシフトチェンジして、そこから放任という指導に切り替えました。2年間で私の知識は全て伝わっているので、その中で『自分の引き出しを作ってこういう練習をしよう』『相手はこういうチームだから、こうすれば勝てる』という感覚です。だから、今年の春高バレーのミーティングに、私は一切関わっていません」

――慶應義塾は言わば超進学校です。理想のチームを作る上で、ほしいポジションの選手をスカウトすることはできるのですか?

「それができないんです。推薦入試はありますが、通常の受験をちゃんと踏まないといけないので、絶対に合格するという確約ができません。だから、選手を集めてシナリオを作るのが難しい。来年はセッターがいないから、セッターを探そうということができないんです。来た子の中で、私が変化をつけながらやるしかない。めちゃくちゃ難しいです」

――練習は全員が同じメニューをこなすのですか？

「そうですね。いきなり応用をやりたいと思うけど、それもできません。ボールも投げられないような未経験者も入ってきますから。この間の新人戦のスタメンに入った子も、もともとは未経験者でした。『僕はずっと英語で授業をする学校にいて、部活を味わったことがないんです。バレー部に入って部活を経験したいんですけどいいですか？』というくらいです。『しんどかったらやめてもいいよ』と言ったんですけど、入ったら『バレーが楽しいです』って言うんです。新人戦で抜擢されて、2位に入りました。そういう子がいっぱいいるんです」

――選手のモチベーションの浮き沈みははっきりとわかりますか？

「わかります。わかるんですけど、モチベーションが上がらない子も中にはいます。そういう子には、その手段を教えてあげなければいけません。ちょっとしたことなんです。練習試合で使ってもらったとか。教えてもらったことができるようになったとか。そうやって、ちょっとした目標を立ててあげるだけで、それが達成感や満足感につながるんです」

――どんなチームになるか、蓋を開けてみないとわからないですね。

「さあ、ここにある食材を使って、最高級のハンバーグを作ってください、みたいな感じです」

――なるほど。

「今年はひき肉がありません。どうやったら、おいしいハンバーグが作れますか? じゃあ、人参をみじん切りにして固めてみよう。豆腐を使うのも一つの手かな。気持ちとしてはそんな感じです。毎年、食材が届くのなら、そのまま調理すればいいだけ。その過程で失敗がなければ、春高バレーには行けるでしょう。でも、それがないから、どういう工程で作ればいいのかを考えないといけない。その作業は、とても難しい。楽しいとは思わないですね」

選手から湧き上がるモチベーションを大切にする

渡辺監督が大事にしているのは、選手自身から湧き上がるモチベーションだ。それがないと、徹底した放任主義は成り立たない。

「例えば、今、大きな地震が来たら、何がなんでも生き延びようとするでしょう。それと同じで、絶対に勝ちたいとか、春高バレーに出たいと思ったら、『じゃあ、どうしたらいいだろう』というところに高校生でも行き着くと思うんです。そこから、『これじゃあ、勝てないよね』『こういうところを強豪チームから学ぼう』『動画を撮って確認してみよう』『もっとこうしたらどう？』というふうになる。監督やコーチは、練習のベースだけ作って『あとは自分たちで考えなさい』と導いてあげればいい。考えれば、絶対にわかることですから」

ただの勝利至上主義なら、監督がすべてを一人で決めて、選手に「これをやりなさい」と押しつければいい。

渡辺監督の指導は違う。例えば、「こうすれば勝てるよ」という正解は先に言っておく。大事なのは、その答えに向かって選手一人ひとりが考え、自らその道筋を導き出すこと。だから、成長につながる。

誰かに与えられたモチベーションなら、長続きはしないだろう。そして、指導者の〝勝ちたい〟を優先すると、失敗することも経験上わかっている。

春高バレーでベスト16に入った3年生が引退し、残された選手たちの前で渡辺監督が言った。

「勝ちたくないなら、俺もやらないよ。でも、勝ちたいなら練習試合も組むし、家庭を捨ててでもお前たちと一緒に練習する。そうじゃないなら、はじめからやらないほうがいい。毎日やりたい練習をやればいいじゃないか。勝つことがすべてじゃないから。本当に勝ちたいなら、つらい練習もしないといけないよね。甘さは絶対に出しちゃいけない」

例年、部員数は3学年で30人前後。そのうち経験者は2割ほどだ。

漫画『ハイキュー!!』を見て「楽しそうだから」と高校からバレーボールをはじめた選手が、3年生になって春高バレーでスパイクを打った。

様々な個性と背景を持つ選手が入部してくるため、チーム作りに正解がない。

では、卒業していく選手たちには何を残してあげたいのか。

「自分たちで練習をして結果を残したという自信です。勉強とバレーを両立して、神奈川で結果を出したことは、とても大きな財産になると思います。他の仲間と話していても、『お

キャプテンでエースの渡邊大昭くん（1）を中心に躍動した第73回春高バレー。大会は無観客での開催となったが、熱い戦いを繰り広げた。

前はバレーをやってきたよね。でも、俺は勉強もやってきたし、バレーでも結果を出した。さらに監督にやらされるバレーじゃなくて、自分で考えて自分で答えを出した』となるでしょう。大人になったら一から百まで教えてもらうことはありません。高校時代に培った自主性の大切さは、社会に出たらより理解してくれると思います」

選手、指導者と二つの立場でオレンジコートに立った渡辺監督にとって、春高バレーはどんな舞台なのだろう。

「楽しいです。異空間ですね。あの雰囲気、空気感。監督としてコートに立っても楽しいし、選手の頃はもっと楽しかった。高校生はよく言いますけど、あそこでバレーボールができるのは夢ですよね。バレーボーラーとしての夢だったりするんじゃないかな」

ひと月前の激闘が蘇る。惜しくも3回戦で敗れ、ベスト8進出を逃した。センターコートに立てるベスト4まであと少しだった。

「センターコート、行きたいですね。いつか行ける気がするんですよね」

負けず嫌いが、また顔を出した。

益田清風

熊崎雅文監督

「負けの流れを作るミスを減らす」

シンプルな技術を伝え、全ての不安を解消して選手を試合に送り出す

初心者や素質に恵まれない選手を育て上げ、何度も全国大会に導いた熊崎監督。練習時間が短くても、短期間で「負けないチーム」を作り上げてきた。アタック決定率にこだわらない逆転の発想。指導の骨子は、わかりやすい技術を伝え、「これだけやっておこう」「ミスも楽しもう」と全ての不安を解消した状態で選手を試合に送り出すこと。選手のモチベーションを上げ、より深い信頼関係を築く方法を、指導歴40年のベテラン監督に聞いた。

くまざき・まさふみ　1957年9月18日生まれ、岐阜県出身。定時制高校、新設の職業高校を経て、1993年、現在の益田清風高に赴任。2006年、春高バレーに初出場。同年のインターハイに初出場するなど、その後も数々の全国大会にチームを導く。指導者として40年のキャリアを持ち、独自の指導法を収録したDVD『指導革命~逆転 の発想 弱者のバレー』の講師を務める。

熊崎雅文監督の「選手の不安を解消する指導法」とは？

一　アタック決定率にこだわらない

アタック決定率は対戦する相手によって変わるもの。いくらアタッカーが能力を上げても、かえってミスにつながる可能性がある。弱者が勝つポイントは、「決まらないボールの中身をどう分析するか」だと言う。

二　正しいフォームでミスを減らす

失点につながるミス、相手に流れを渡すミスを排除することが、チームの勝利のためには必要不可欠だ。熊崎監督がこだわっているのは、正しいフォーム作り。一人ひとりのやるべきことはシンプルでも、チームとして戦えば局面を打開できる。

三 できるようになるまで教え込む

正しいフォームを身につけると、試合中の安心を手に入れることができる。怪我のリスクも軽減でき、選手は自分を信じられるようになる。熊崎監督の指導で、持っている力を最大限に生かせるようになった選手が増えた。

四 試合の流れをつかむ

誰かがいいプレーをしたら「フゥーー！」とテンションの高い裏声を挙げるのが益田清風の伝統だ。流れのスポーツであるバレーボールにおいて、雰囲気を盛り上げることはとても重要。タイムアウトは、リードしている試合をまとめ上げるために取る。

五 継続と変化を楽しむ

経験の蓄積によって、それまで見えなかったものが見えるようになる。だから、「若い指導者には一生懸命やってほしい」と熊崎監督は言う。指導者としての時間を継続し、なおかつ変化に対して喜びを見出すことを忘れてはいけない。

アタック決定率を上げることにこだわらない

高山本線で岐阜から下呂へ。２０２０年秋。山間を走る2両編成のワンマン列車が、飛騨川に沿ってグイグイとレールを飲み込んでいく。

ディーゼル特有のガラガラ音が耳の奥に響く。車窓から見える山の葉は、紅く色をつけはじめたばかり。左右の山が高い壁のように迫り、谷が深くなると、やがて目の前の光景から人家が消えた。聞けば、大雨や大雪の影響で全線運休になることがよくあるという。人口の減少も深刻で、15年ほど前には沿線にあった二つの高校が廃校になった。

2時間後――、日本三名泉の一つがある下呂駅に停車した。そこからさらに15分、7割ほどのシートが埋まっていた車両は4人だけ。目的の飛騨萩原駅に到着する。

歩いて1分。下呂市唯一の高校、益田清風高校があった。

女子バレーボール部を率いるのは熊崎雅文監督。型破りの指導法を収録したDVD『指導革命~逆転の発想 弱者のバレー』の講師だ。奈良に拠点を置く株式会社リアルスタイルが発行している。

体育館に着くやいなや、「これでも読みながら、少し待っていてください」と温かいお茶と一緒にＡ４の紙13枚を渡された。小さな文字でびっしりと埋め尽くされている。

ＤＶＤの視聴者から寄せられた感想だ。目を通すと、その多くが新たな発見があったというものだった。10年を超えるキャリアを持つ指導者も「とても参考になった」とコメントを残している。

熊崎監督に許可をもらい、一部を抜粋する。

・ブロックを利用したり、フェイントを使うことができれば、十分に戦えることがわかりました（指導歴2年）
・ミートのかけ方、正しいフォーム作り、５種類のブロックアウトの打ち方、相手のレシーブ体系の崩し方などが参考になった（指導歴５年）
・ミスの確率を減らしながら、子どもたちが安心して試合に臨めるようにするという点を重視しているところが勉強になった（指導歴17年）
・ブロックを避けてスパイクを打つのではなく、ブロックを利用することで相手コートを広く使えるという発想に驚いた（選手歴８年）
・中学校の部活の指導者は素人が多く、そういう人にＤＶＤを見てもらいたい（指導歴11年）

・タイムアウトで負けている試合をひっくり返すということは滅多になく、勝ち切るため、リードしている試合を最後までまとめ上げるためにタイムアウトが必要だということがわかりました（指導歴7年）

弱者——、その意味合いは、熊崎監督の説明がシンプルでわかりやすい。

「試合で負けるときは弱者なんです。要するに、どんなに強いチームでも、日本一にならない限り、勝ち上がっていけばいずれ弱者になります。また、試合をする上でのチーム力の比較とか、結果によって勝者と敗者が分かれます。あるいは、技術や体格などの素質——、そういったことを弱者と言っています」

他にも「バレーボール初心者」「練習できる時間が短い」「指導者の経験が浅い」など環境に恵まれない選手を全国大会に導いた逆転の発想、指導法がそこには記されていた。

例えば、DVDの第1巻で熊崎監督は、ホワイトボードを前にこんな話をしている。

一つが、アタック決定率に対する考え方だ。

アタック決定率とは文字通り、スパイクを打った回数のうち得点になった割合を表したもの。簡単に言えば、一つの試合で30本のスパイクを打ち、15本が得点になったら決定率は50パーセントになる。

高校生に限らず、バレーボールの試合は十中八九、いや、それ以上の確率でアタック決定率が高いチームが勝っている。そのため、ほとんどのチームが、能力がある選手のスキルを上げたり、あるいはコンビネーションを磨いて、アタック決定率を上げることに練習時間の多くを割いている。

間違いではない。

しかし、熊崎監督は「アタック決定率を上げることにこだわってはいけない」と言う。

例を挙げてみよう。県大会でベスト4に入るくらいの力を持った高校生チームがあったとする。そのチームが格上の相手、仮に国内トップレベルの日本代表と試合をしたらどうなるか。20パーセントのアタック決定率が残せたら大健闘。しかし、真っ向から立ち向かえば、その決定率は間違いなく10パーセント以下まで落ちる。

一方で、同じ高校生チームが小学生を相手に試合をした場合、アタック決定率は飛躍的に上昇し80パーセント以上の数字を残すことが想定できる。

つまり、アタック決定率は相手によって変わるもの。時間をかけてアタック決定率を上げる練習をしても、同じように相手チームが得点力を上げていれば、次に対戦したときも大きな差にはならない。

では、弱者は弱者のままなのか。そうではない。

着目すべきは、「決まらないボールの中身をどう分析するか」だと熊崎監督は言う。

アタック決定率だけにこだわるのではなく、決まらない（得点にならない）ボールの中身がゲームをどう支配しているかにいかに気づくか。

「得点にはならなかったけど、ネットを越えたボールがミスで終わったのか、あるいは相手に拾われたのか、何か意図があるボールだったのか、それとも、ミスで終わって相手に流れを渡してしまったのか。決まらないボールにもいろいろな種類があります。そこにこだわり、『ミスをするよりは拾われてもいいんだ』『こういう形で拾われても後々の布石になるんだ』『決定打じゃないものが実は得点になることもあるんだ』という発想を持つことが、一番の肝なんです」

すなわち、決まらないボールに対する分析力や知識を高めると、今までと異なるゲームの見方ができるようになる。それが試合の流れを決めることもあるだろう。チームの攻撃を再確認したり、フォームを見直したり、あるいは必要な練習がはっきりする。選手のモチベーションも上がり、もっとバレーボールが面白くなるに違いない。

決まらないボールの中身を分析する

では、実際の試合において、相手に流れを与える「決まらないボール」の中身にはどんな種類があるのだろうか。
チーム力が互角という前提で見た場合、次に挙げたミスによって相手に流れを与えていることがわかる。なお、6つの項目をランクづけすると、右に行くほど流れを悪くしやすい。

【直接的なミス】

・ネットにかかるミス（相手チームに続けて3点が入るくらいの流れを渡している）
・アウトになるミス（相手チームに続けて3点が入るくらいの流れを渡している）

【状況における判断ミス】

・ブロックにシャットされる状況（相手チームに続けて2～3点が入るくらいの流れを渡している）
・コースに打ってレシーブされる状況（相手チームに続けて1点が入るくらいの流れを渡し

ている）
・フェイントやタッチを拾われる状況（相手チームに与える流れは±０）
・リバウンドでボールが返ってくる状況（自分たちのチームが得る流れはプラス０・５点）

バレーボールにおいて、どのようなケースでも失点は1点だ。

しかし、攻撃一辺倒で「ネットにかかるミス」あるいは「アウトになるミス」は、フォームやミートに問題があると考えられ、相手チームに続けて3点くらい与えるきっかけになりやすい。

さらに、ブロックにシャットされるのは、プレーの判断に問題があるもの。「直接的なミス」に近く、ほとんど策がないのと一緒。ブロック能力が高い相手にスパイクを打ち込んでつかまるのは、「ものすごいバッターに対して、ど真ん中に投げるピッチャーみたいなもの」（熊崎監督）だ。数ある選択肢の中から選んでいるのは最悪に近い。

コースに打ってレシーブされるのも、相手に攻撃のチャンスを与えていることになる。同じ拾われるのなら、ブロックにぶつけるかフェイントやタッチを拾われるほうがダメージは少ない。

状況や展開によっても、その後の傷口の広がりかたは大きく違ってくる。

「野球を見ていると、フォアボールで流れを悪くするケース、野手のエラーで流れを悪くするケース、攻撃のミスが続いて得点が取れそうなところで取れずに流れを悪くするケースなど様々です。でも、フォアボールを出したピッチャーが自分でリズムを崩したとしても、他の選手の頑張り次第でチームは立ち直れるかもしれません。バレーボールも同じです。例え同じミスでも、そのときの状況や点差によって相手に与える流れが3点で止まったり1点で止まったりする。ゲーム全体を俯瞰して見ていると、それほど経験のない指導者でも、『このミスから流れを悪くしたな』ということが必ず見えてきます」

煎じ詰めれば、チームが勝つために必要なのは、ミスにつながる考え方やフォームを取り除き、相手にゲームの流れを渡すミスを排除することと言えよう。

要するに、

・スパイクがネットにかかるなら、ネットにかからないように打つ。
・アウトになるなら、インになるスパイクを打つ。
・ブロックにシャットされたり、コースに打ってレシーブされるなら、ブロックアウトを取ってレシーバーが届かないところにボールを弾き出す。

簡単ではないが、そのために熊崎監督がこだわっているのが正しいフォーム作りだ。正しいフォームを習得して正確にボールをコントロールできるようになれば、自ずとミスは減らせる。一人ひとりのできることはシンプルでも、チームとして戦えば局面を打開できる可能性はぐっと高くなる。

正しいフォームは、試合中の安心を手に入れる効果もある。

「不安になった選手が試合中に何をするかというと、フェイントではなくて打ちはじめます。止められても拾われても、あるいはミスになっても、力いっぱい打っていたほうが安心だから。次にブロックを抜こうとする。それから、真ん中に打ってしまう。能力の高い選手なら、クロスやストレートなどコースに打ちます。だから、ブロックにボールをぶつけたりフェイントを落とすというのは、実は不安があるとできないんです」

指導者が考えている以上に、試合に臨む選手の不安は大きい、と熊崎監督は指摘する。

「試合のとき、選手は不安を抱えています。大人も不安。不安でもできるようにしてあげることが指導者の仕事ではないでしょうか。選手がやるべきことをシンプルにして、ゲームに送り出してあげることが最も重要だと思います」

——そのために必要なのは「平常心」ですか？

熊崎監督は、安直な質問に容赦がない。語気が強くなった。

「平常心というのは指導者のリクエスト。でも、平常心なんてコンビニに売ってないでしょう。それが上から目線なんです。支えるのは、『自分が何を思う人であるかという自分への自己確認』と、たかだかこれは遊びだと思って『自分がやっているスポーツの下に自分を置かない』こと。自分がスポーツの上にいるという確認をさせ、わかりやすい技術を伝え、『これだけやっておこう』『これでいいやん』『ミスも楽しもう』と、全ての不安を解消するためのセッティングをする。だから指導者の目線は、子どもよりも下でなければいけないんです」

チームのスタイルを選手に伝え、一人ひとりがやるべきことを練習の中で必ずできるようにしてあげる。

その土台にあるのが正しいフォームだ。そうしてミスを減らし「決まらないボール」を改善していけば、練習時間が短くても勝ちを拾えるチームを作ることができる。

自分のフォームが信じられるようになるまで練習を繰り返す

熊崎監督の指導者としてのキャリアは40年以上に及ぶ。

定時制高校、新設の職業高校を経て、1993年、現在の益田清風高校に赴任。しかし、山間のへき地校で、今も週に2日しか体育館が使えない。電車の本数も少なく、選手を自宅に帰らせるために夕方の6時過ぎには練習を終えなければいけないという。メンバーが足りず、試合に出場するために未経験者で頭数を揃えたこともあった。

チームを強くするためにときには厳しい指導もした。しかし、すぐに勝てるわけではない。他県の指導者から学び、どうすれば強いチームを作れるかを考えた。勝った試合も負けた試合も、数え切れないほどの試合を分析した。「ゲームの中で何が起こったのか」に心を砕き、独自の戦術を練りあげた。

情熱の源泉は自身の反骨心から生まれている。

「自分が教えられていないというコンプレックス。ちゃんと教えてもらっていたら、自分も少しはよくなったんじゃないかと今でも思っています。本当に酷かったから。大学の4年間は2軍半以下。レベルは高かったけど教員チームでも2軍暮らし。スタメンで出たのは25歳のとき、地元で教員選手権があって2チームが出場できたから。そのあとの国体もベンチに入っただけ。サーブレシーブが下手で、とにかく人から笑われた。スパイクを打っても、『あいつのフォーム、変やな』って周りのささやきが聞こえるくらいでしたよ」

だから熊崎監督は、選手ができるようになるまで徹底的に教え込む。


やがて粘り強く学んできた指導が実を結んだ。

2006年の春高バレーに初出場（当時は3月開催）。同年のインターハイに出場するなど快進撃を演じた。

徹底することの大切さを、熊崎監督はジョークを交えてこう表現した。

「小学3年生のとき、教室で何があっても『ちょんまげ』と言っていたんです。友達に何か聞かれても『ちょんまげ』。先生に質問されても『ちょんまげ』。無視されていても、100回くらい連呼すると周りがだんだん笑うようになる。しつこさは大事ですよ」

正しいフォームは体にかかる負担が少なく、怪我のリスクも軽減できる。選手が自分を信じられるようになるまで、正しいフォームを教え込んだ。

ミスのないスパイクを打つ上で大切にしているのがミートだ。バレーボールにおけるミートは、スパイクやサーブを打つときに、ボールに縦回転を与える動きをいう。縦回転（ドライブ）がかかったボールは下に落ちる力が働くため、アウトになりにくい。

いいミートの基準は、ボールをたたいたときの「音」だ。熊崎監督がボールを「パチン」とたたいて見せる。甲高い破裂音がする。それに対して、悪いミートは「ボコ」と鈍い音がする。

「ミートがよかったら、コントロールもついてきます。全てのプレーにおいて、大事なのはフォーム。だから、徹底的にフォームにこだわって練習する」

ポイントは、手のひらとボールが接触している時間と面積をできるだけ長く大きくすること。大きく開いた手のひらを柔らかく使ってボールをたたく。

「ボールを下から乗せた手が、できるだけ長い時間、ボールに接触していることが重要」

と熊崎監督は説く。

ヒジの使い方についても説明が必要だろう。しっかりミートするためには、上から落ちてくるボールを下から手のひらで受けながらスイングするのが理想的だ。そのため、スイングの過程で、ヒジが高く手のひらが下になるポジションが含まれていなければいけない。

そこに腰の回転を加えて、全身でスイングすることで、よりパワフルなスパイクを打つ

ことができる。（110ページ参照）

ジャンプ動作に入る前の助走も、ミスのないスパイクを打つためには大事な要素だ。選手が意識しているのは、最後の一歩の踏み込み。右利きの場合は、最後の左足を回し込むようにして踏み込む。すると右足から左足へと自然に体重が移動し、さらに（利き腕とは逆の）左手を力強く振りバランスを保つことで、右手が柔らかく使えるようになる。

他の競技を例に挙げるのも、熊崎監督ならではの話術だ。

「サッカーボールを蹴るところを想像してください。（右利きの場合）飛んできたボールに対して軸足となる左足のポジションが決まって初めて蹴ることができます。軸足ができていなかったら、『蹴れ』と言われても正確には蹴れませんよね。その単純さが大事で、バレーボールだったら空中で利き腕とは逆の腕をどれだけキープできるかが重要になります」

正しい踏み込みからジャンプをすると、バランスよく両足で着地できるため、次のプレーに素早く移れるメリットもある。ヒザにかかる負担も少なく、怪我の予防にも結びつく。

2年生（当時）エースの兼山恋奈さんはこう話す。

「左足の踏み込みの練習をよくやっていました。スパイクを打つとき、最後は左足が入り切らないといけないんですけど、ずっとそれができず、バランスが悪くてミスも多かった。熊崎監督が教えてくださる踏み込みをやってきて、だんだん打てるようになりました。それまではここぞという場面でなかなか点が取れなかったけど、1年を通して大事なところで点が取れるようになりました」

フォームの流れは点ではなく線である。いずれかの動きが省略されると、全体のバランスも崩れてしまう。だから、一つひとつの動作を細かくチェックし、フォーム全体にまとまりをつけなければいけない。そうすれば選手の能力を最大限に生かしつつ、「ミスをなくす」フォームが作り出せる。(112ページ参照)

試合の流れを支配する

益田清風の練習を見ていると、あることに気がつく。誰かがいいプレーをすると、他の選手が一斉に「フゥーー!」とテンションの高い裏声を挙げるのだ。

昔からの伝統だという。3年生(当時)でキャプテンの田中真緒さんに聞いた。

「今はクセみたいになっていて、スパイクが決まったら自然に出ます。初めて聞いたときは『何を言っているんだろう』と思ったけど、言い出すと逆に楽しくなるんですよ」

益田清風バレーの魅力を聞くと、「楽しいバレーです」と続ける。

「苦しくてもみんなでつなぐ。岐阜県の中でも、雰囲気が一番明るいと言っても過言ではありません。明るさ重視で代々受け継がれています」

副顧問の永田麻衣子さんは高校生の頃、同じ岐阜県のライバル高でバレーボールをしていた。当時の益田清風の印象はこうだ。

「とにかく、しつこい。強打を打ち込んでくるわけじゃないし、待っているところにもボールが来ない。こちらが攻めるときも、スパイクを止められたり、ワンタッチで拾われる。それから、いいプレーがあると、雰囲気を盛り上げるために『フゥーー！』って声をかけ合うんです。あれが相手からするとすごく嫌でした。やられた感が半端ないんです」


バレーボールは流れのスポーツである。

競技者でなくとも、目にしたことがある人は多いだろう。はじめは決まっていた攻撃が途中から決まらなくなる。一つのミスをきっかけに連続失点を重ねる。リードしていたチームがあっという間に逆転を許し、気づいたら大差でそのセットを落としている。後半になるにつれてプレッシャーも大きくなり、「勝ち急いだ」と反省の弁を述べる選手も多い。

逆に、ずっとリズムをつかめなかったチームが、一つのファインプレーをきっかけに息を吹き返すこともある。いずれにせよ、0－0でゲームが始まり、最後の25点がどちらかに入るまで、イーブンペースでゲームが進むことは皆無だ。

熊崎監督は「10点台でリードしている状況が最も危険」だと言う。

どういうことか。一般的に勝っているチームが13－7や15－8でタイムアウトを取ることはほとんどない。あるとすれば、負けているときか、あるいはそこから少しずつ追いつかれ──、20－19くらいになってタイムアウトを取るケース。要するに、相手に傾いた流れを断ち切りたいときだ。しかし、リードしていたチームが慌ててタイムアウトを取っても手遅れ。気がついたら、逆転でそのセットを失っている。

負けているときにタイムアウトを取らないのが、熊崎監督のテクニックだ。その理由は、負けているときにタイムアウトを取ると、選手たちは不安を抱えてベンチに帰ってくるから。

「負けているときにしゃべると、選手は不安を増幅させるんです。そうすると、どうしても心理として人を頼りたくなる。だから、監督の話にもしっかりと耳を傾けます。だけど、不安になればなるほど人を頼る。それで、どんどんダメになってしまう。例えば……」

隣で聞いていた男子バレーボール部監督の納土恵美香さんが口を挟む。

「小さな子どもって、転んだときにお母さんが近くにいないと、意外と泣かないものですよね」

「うん。その例え、いいね」

ようやく口元がほころんだ。

タイムアウトはチームを勝たせるために取るもの。負けている試合でタイムアウトを取っても、そこからひっくり返すのは難しい。「リードしている試合を最後までうまくまとめ上げるためにタイムアウトを取る」というのが熊崎監督の考え方である。


——では、試合前に相手チームの分析はしますか?

近年は、相手のデータを収集・分析し、試合に役立てるチームが多い。益田清風も例に漏れず、データを駆使した戦い方をしているのだろうか。そう問いかけると、熊崎監督がニヤリと笑った。

熊崎「しないです。試合がはじまってから、相手のブロックが2枚しっかりとついて、レシーブをしっかりと固めてもらったほうが自分たちは嬉しい」
副顧問の永田さんが続ける。
永田「益田清風は、相手がそうやって守ってくれると逆にやりやすい」
熊崎「そう。普通は、相手の守備を避けるためにトスを振ったり速くしたり、おとりを使ったコンビバレーをする。ブロックをかわして、レシーブを崩したいですからね。だけど、うちは相手のベストの守りがほしい。一番いいブロックで、一番いいレシーブにしてほしいんです」
——なぜですか?
熊崎「だって、それ以上はないわけだから」
——狙いどころがはっきり見えると?
熊崎「それが相手にとってはベストだから。『あなたたち、いいの?』『ベストの守りしてる?』『ここが空いてるよ』『指先を弾かれたらどうするの?』『フェイントを落としたらどうする?』って。中にはそういう戦い方を古いという人もいるけど、決して古くない」
——相手のベストを出させるためにはどうすればいいですか?
永田「2本目のトスを高くするだけ。時間をかければ、その間に相手は守りを固めます」

熊崎「うちはエースしか打たない。『打つのはこの選手だけです。さあ、どうぞ、好きに守ってください』というのを見せます」

別のタイミングでキャプテンの田中さんにも聞いた。彼女のポジションはセンターエース。熊崎監督が言うスパイクを打つ「この選手」である。

——益田清風の戦い方は?

「益田清風には打てる選手が私しかいません。私がひたすらオープンで打っても、同じレベルの相手には決まらない。だから、最初は軟打で攻めるんです。フェイントやタッチを使うことで、相手の苦しい気持ちを作ります。それが益田清風のバレーだというのは相手もわかっているけど、それでもフェイントやタッチだったら苦しめられる。相手の守備を中に寄せたら、20点以降はブロックアウトで相手を飛ばして点を取ります」

相手のレシーブが強打に備えて後ろ寄りにフォーメーションを敷いていたら、フェイントやタッチで空いた前寄りのスペースを狙えばいい。相手がフェイントを狙ってきたら、フェイントに対応しているレシーバーが拾えないところにブロックアウトでボールを落とす。隙は必ずどこかにある。

そうして試合の中から相手の長所と短所を知り、それをチーム内で共有することで、自分は今何をするべきかが明確になる。ひいては、チームが抱える課題、やるべき練習がはっきりすると言えよう。

継続と変化を楽しむ

この章の最後に、熊崎監督と中越高校（新潟県）の本間克敬監督とのエピソードを紹介したい。

二人の出会いは6～7年前。熊崎監督は、「とにかく一生懸命な人」とまだ20代の後半だった当時の本間監督を評する。しかし、自分の考えにまっすぐで、練習によって積み上げてきたコンビバレーから抜け出せなかった。いい選手がそろっているのに、なかなか県のベスト4を突破できない。

いつだったか、熊崎監督が本間監督にこう切り出した。

熊崎「本間君、あれは弱いチームにしか通用しない攻撃なんだ。どういう意味かわかるか？君のチームがいいから決まっていると思ったら違うよ。相手がちゃんとしていたら、あれは止められたり拾われたりする。君はまだ優勝していないだろう。ということは、絶対にうまくいっていないんだ」
本間「わかります」
熊崎「負けた試合を思い出してごらん。君が得意にしていたことが通用していないだろう」
本間「でも、(コンビバレーを)やめたらもっとダメになる気がするんです」
熊崎「違うんやって。それをやめたときに、何をするかを考えようよ」
こうして、本間監督はコンビバレーを封印。CクイックもバックBも時間差もやめた。するると、インターハイの県予選で決勝まで行った。
惜しくも優勝はできなかったが、その知らせを聞いて熊崎監督はLINEを送った。
熊崎「2位になってよかったな」
本間「ありがとうございます。先生のおかげです」
熊崎「もう一回、2位になりたいか？ 2位になりたいなら、そのままやったらいい」
本間「はい」
熊崎「2位はもういいやん。次は1位を目指そうよ」
どうしたらいいですかと言うので、中越高の試合のビデオを送ってもらった。それを見て熊崎監督は、「もったいない瞬間が山ほどあった」と感じた。

それが何か——、「わかるか?」と本間監督に問うても答えは出てこない。

それからだ、本間監督が頻繁に益田清風を訪れるようになったのは。そして、2018年の春高バレーでついに初出場を果たした。

「偉そうな言い方になるけど——」、そう前置きした上で熊崎監督がためらいがちに口を開く。

「私から見たら『もう1点取れるだろう』というところが、彼にはわからないんですよね。そこが見えるか見えないかというのは、すごく大きい。だから、若い指導者には一生懸命やってほしいんです。そうすると、経験の蓄積などいろいろなもののエネルギーの塊で、最後には見えなかったものが見えるようになってきますから」

その本間監督に、熊崎監督の人柄について聞いた。

「頭がすごく切れる方です。記憶力もいい。言葉の引き出しもたくさん持っていて、例え方もうまい。バレーボールに関して言うと、ゲームの流れをつかむのがうまく、生徒の心理状態に合わせて戦わせている印象です」

益田清風のバレーの本質については、「一つひとつのプレーを丁寧にやっていくバレー」

だと言う。

「まずはレシーブとつなぎを大事にしている。そして、しっかりしたパス力、アタッカーが打ちやすいトスを上げる力、アタッカーはジャンプ力が落ちないように、フルパワーで1試合を戦い抜ける。そこがまず原点にあります。試合になればどちらにしても苦しい場面が出てくるので、それを前提とした戦い方をしていく。これが大事だと思うんです。結局、高校生は楽に点を取ってしまうと、それがクセになってしまいます。最後の大事な場面でも、楽な点の取り方に頼ってしまう。だけど、益田清風はあえてそうしない。最初からしんどいゲーム展開になることを想定して、しっかりやっていく。そう解釈しています」

と一気に話し切った。

周囲に理解者や後継者も出てきた。2020年度の春高バレーの岐阜県大会で、副顧問の永田さんがベンチに入ったのだ。「このタイミングでタイムアウトを取るのは、こういう意味があるんだ」「なぜ、これがタイムアウトとしてミスなのか」「なぜ、このタイムアウトが大事なのか」。試合の流れをつかむ心得を一から伝えた。

熊崎監督が若い指導者に求めていることはすなわち、自分自身が歩んできた道のりではないだろうか。

「面白さとか探究心、情熱、反骨心を持って、指導者としての時間を継続してほしい。そうあってほしいんだけど、ただし、1年前と2年前と3年前で同じ人間であってほしくないんです。どんな指導理論とかどんな経験よりも、自分自身の継続性や変化に対する喜び、そういうことが大事なんじゃないかな」

継続と変化――。熊崎監督は毎日、昼休みになると体育科の教員に「お汁」を振る舞うという。

「お昼ご飯のお供にね。27年間、1日も休んだことがない。おいしいんだよ。今日はみんなが食べたいって言うからスープカレーにした。買ってきた豚肉を、すりつぶしたキウイに2時間つけておくんだ。そうすると柔らかくなる。あとは、アスパラとパプリカをフライパンでジャッと炒めて、スープカレーにバーンとたたき込む」

評論家タイプ、おしゃべり、だから、教えるのは好きと自己評価する。

体育館は中央に張られたグリーンネットを挟んで、女子バレーボール部と男子バレーボール部がそれぞれ使っている。練習の途中、熊崎監督がフラフラと男子バレーボール部のほうへ足を進めることがある。

男子バレーボール部監督の納土さんが言う。

「うちの部員にも根気よく教えてくださいます。そんなにしつこく教えてもらった経験がないから、子どもたちも一生懸命、言われたことを吸収しようとする。だいたい20分以内に変化が出ます。変わった瞬間に目の色が変わりますよ。だから、熊崎先生がグリーンネットに近づいてくると、男子がソワソワしはじめるんです。『何か教えてもらえるかもしれない』って。うまくできなくて悩んでいる選手ほど、チラチラと熊崎先生の様子をうかがっています」

その話を隣で聞きながら、熊崎監督が「かわいいよな」と呟く。

「DVDを見て、『できなかったことができるようになりました』と言ってくれる人がいます。『サーブが打てるようになって嬉しい』とか、そういう声を聞くのが嬉しいですよね。小中学生の指導者の中には、子どもたちをあまり怒らなくなったという感想がありました」

そう語る口は、とても滑らかだ。

熊崎監督が独自に磨き上げた指導のエッセンスは、随所にアップデートを施しながら脈々と受け継がれていくのだろう。

スパイクミスを減らす①
ミートとフォーム

練習動画

手のひらの中心でとらえる

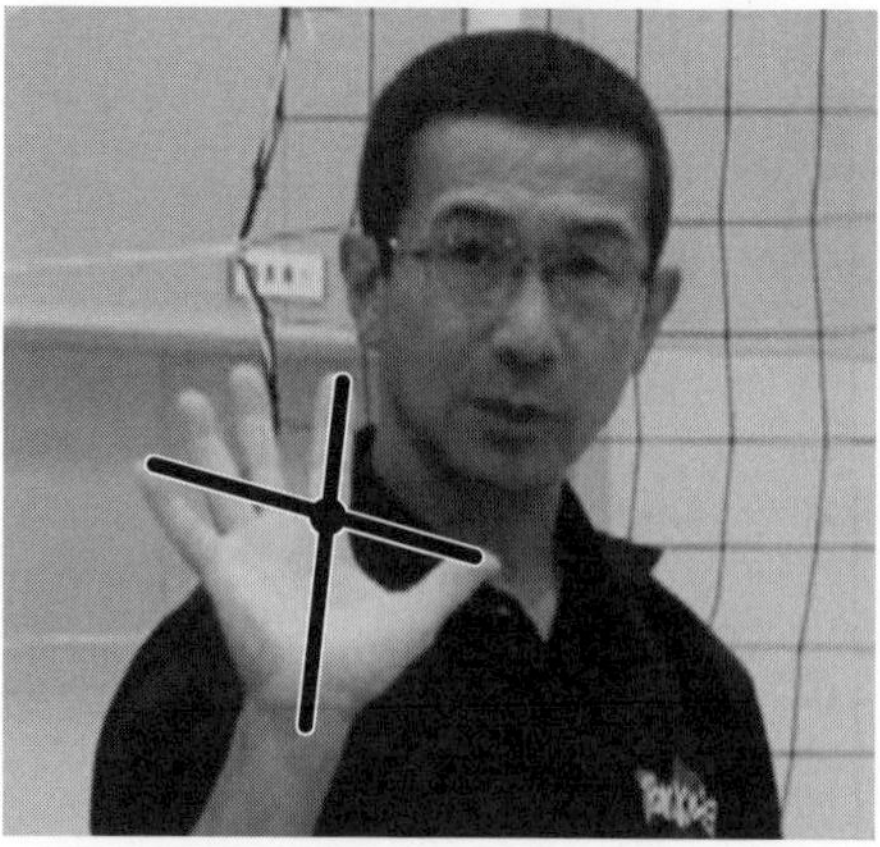

手のひらの中心とは、手を開いたとき、人差指から手の付け根の線と、親指と小指を結んだ線が交わるところ。すなわち、人差指のつけ根の骨あたりでボールの中心をとらえる。その大きく開いた手のひらで、手首を柔らかく、ヒジも柔らかく使ってボールをたたく

ヒジを高く手のひらは下

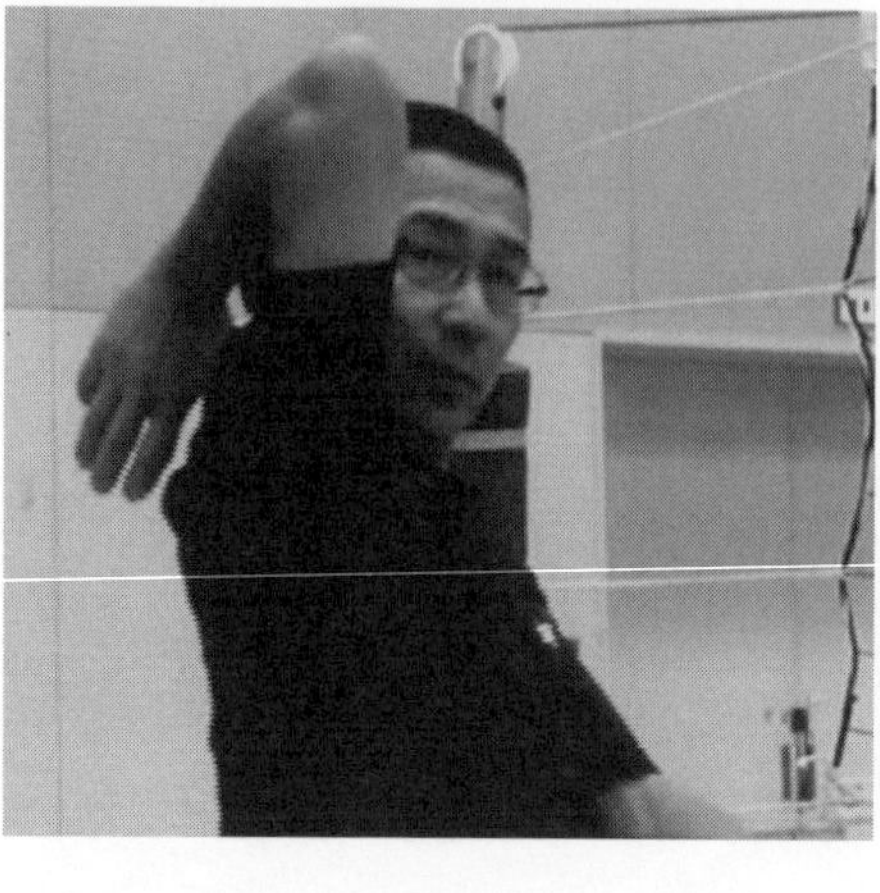

スイングの過程で、ヒジが高く、手のひらが下になるポジションが含まれていなければいけない。スイングするスタートは下からでも、あるいはヒジを引きながらでも、上からでも構わないが、スイングの過程で必ずこの形を作る

※DVD映像から切り出しているため画像が多少粗くなっています。

ボールの下から受ける

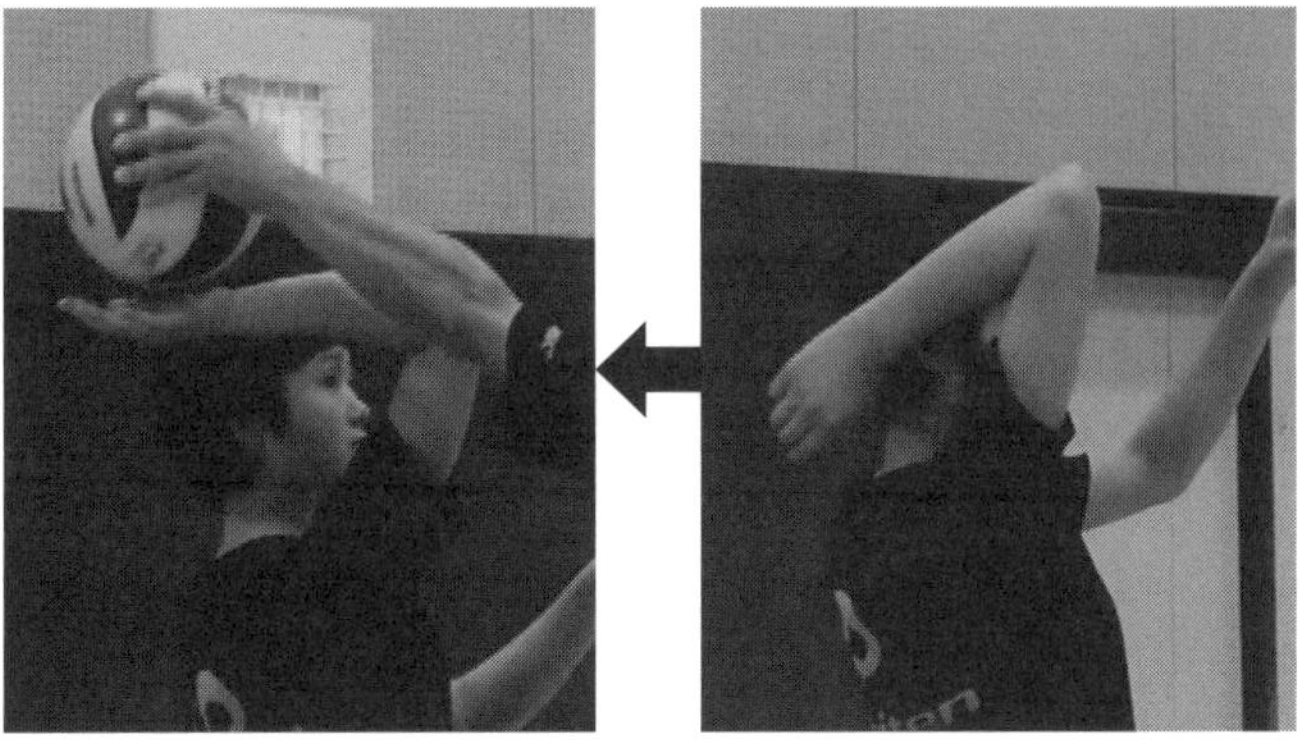

上から落ちてくるボールに対して、下から手のひらで受けながら腕をスイングするのが理想的。一方、ボールの落下に合わせて、上から腕をスイングするとボールの上をたたくことになる。これでもいいが、正確なスパイクは難しい

ヒジが上がるようにスイング

②腕を下に振り下ろさずに、最後まで上がった状態がよい。そこに腰のひねりを入れて全身でスイングすると、ミートもよく、パワフルなスパイクになる

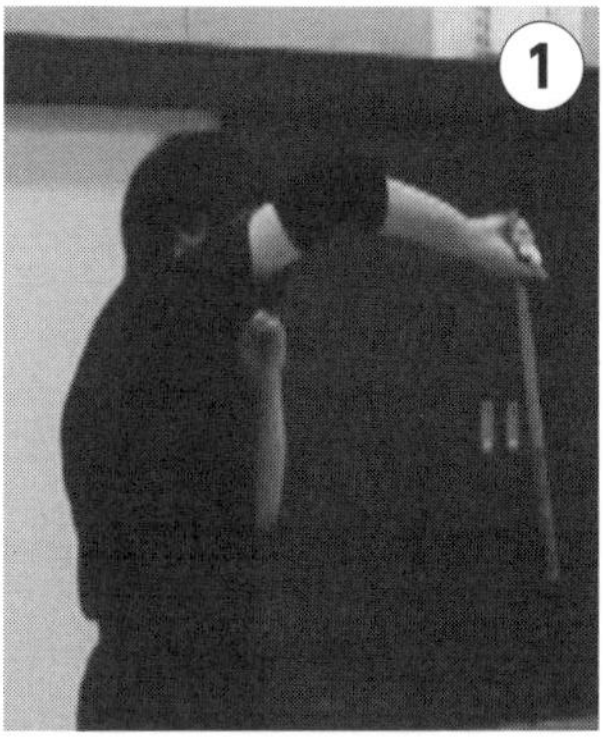

①棒を持って、体温計を振るようなイメージで、最後はヒジが上がるようにスイングする

スパイクミスを減らす② 踏み込み

カカトから入る

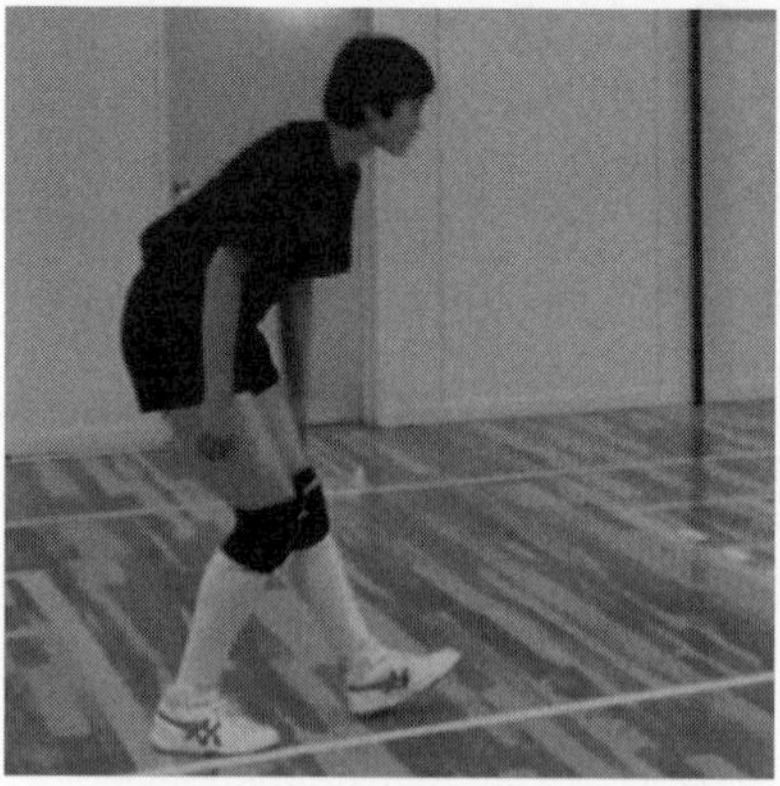

助走のステップはつま先からではなく、カカトから踏み込む。ジャンプするときに、縮んで（しゃがんで）、伸びる。そのときにカカトから入ると重心移動がスムーズにできる

大きく踏み込む

1歩目は小さく、最後の一歩を大きく踏み込む
3歩助走でも、4歩助走でも、大事なのはスピードとキレ

※DVD映像から切り出しているため画像が多少粗くなっています。

左足を回し込んで踏み込む

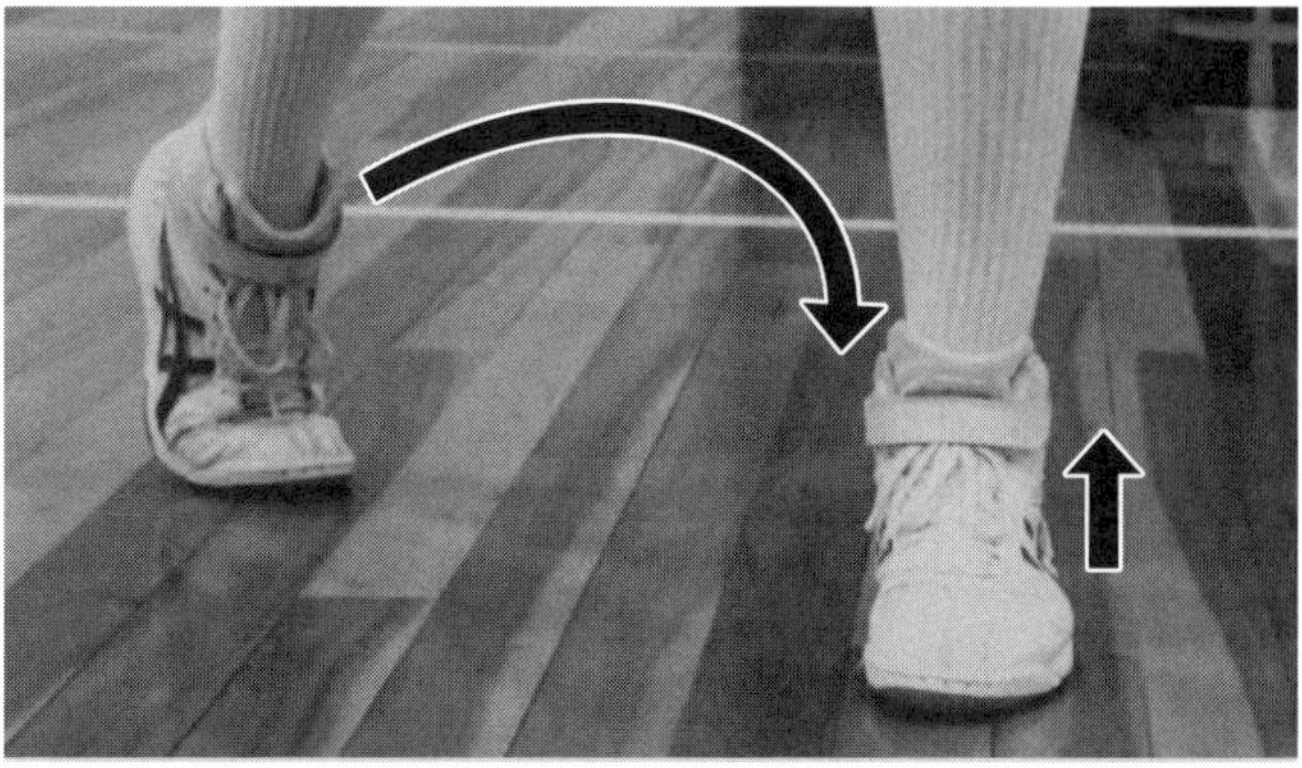

右利きの場合は、ジャンプする最後の踏み込みで左足を回し込むようにする。そうすると自然と右足から左足へ重心が移動するのでジャンプしやすい。左手でバランスを取ることで、右手が自由に柔らかく使える

反対の手でバランスを取る

跳び上がるときは、打つ手と反対の手でバランスを取ることが重要。左足で踏み込み、左手を先行させて力強く高く振り上げてバランスを保つと、利き腕の右手で柔らかく、いいスイングができる

着地が安定して素早く次のプレーに移る

左足を回し込んでからジャンプすると②、空中での姿勢が安定するため、両足で着地ができる⑤。そうすると、次のプレーに素早く移れるメリットがある。また、両足で着地するとヒザにかかる負担を軽減できるが、片足着地は怪我のリスクが高まる。正しいフォームを身につけると、より正確なスパイクを打つことができる。試合中も安心感が生まれ、他のプレーにもいい影響が出て、よりミスがなくなるだろう

ブロックアウト

7割のセーフティゾーンを積極的に狙う

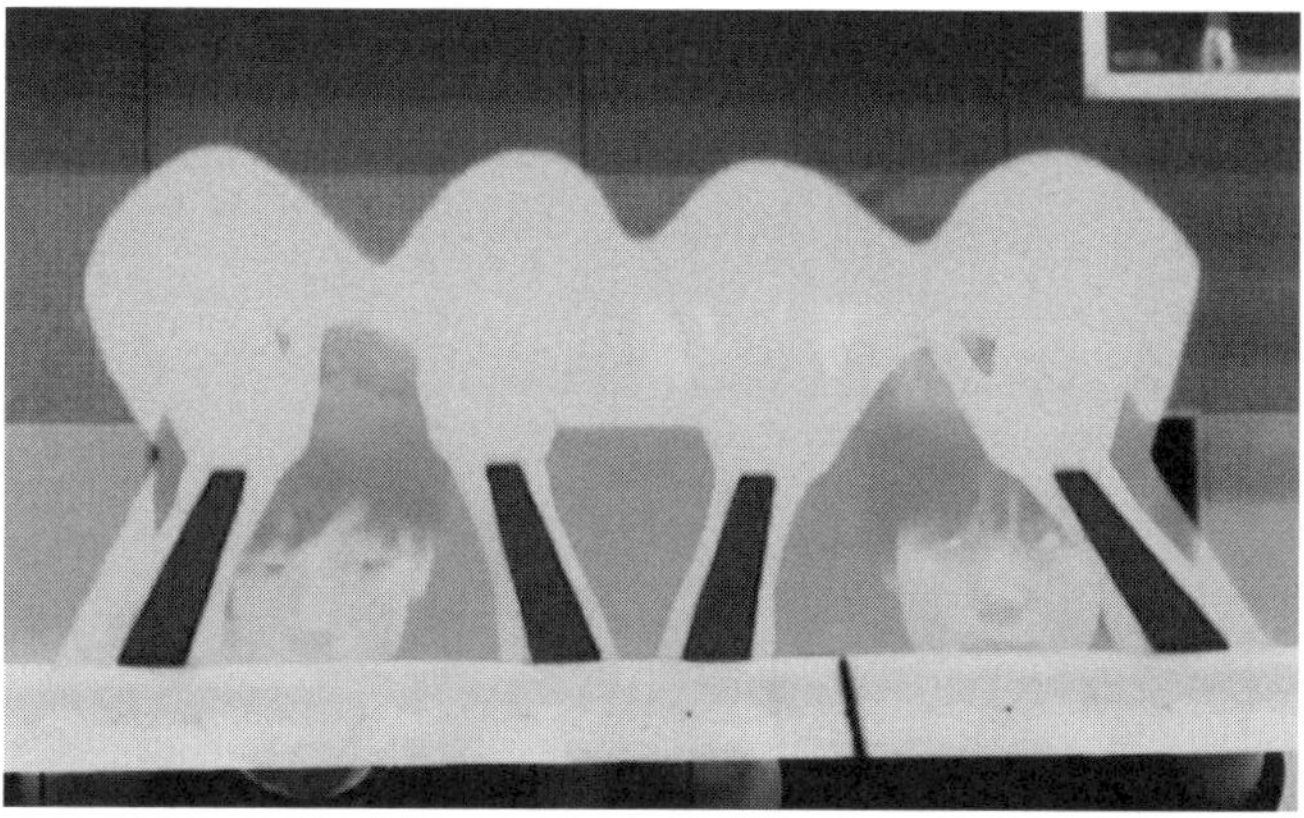

ブロックアウトは、相手の手の狙ったところに当てるコントロールと、手をはじくパワーが必要だ。高度なテクニックが必要だと思われるが、基本的にアタッカーとブロックまでの距離は約1メートル。コートの空いているところを狙うよりも距離は近い。遠いコートの奥を狙って打つよりも確率は高く、ある程度スパイクをコントロールできるようになれば、得点できる確率は上がる。

ブロックされやすいので、黒のハイリスクゾーンには当てないこと。ブロックの7割がグレーのセーフティゾーンなので、積極的に狙っていこう

※DVD映像から切り出しているため画像が多少粗くなっています。

5種類のブロックアウト

助走コースによる違い

外側から内側の助走

内側から外側の助走

助走のスタートの角度がコートの外側から内側へ向かう助走は、ブロックされるとボールがコート内に落ちやすい。内側から外側へ向かう助走にするとブロックアウトの確率が上がる

ボールを打つ位置による違い

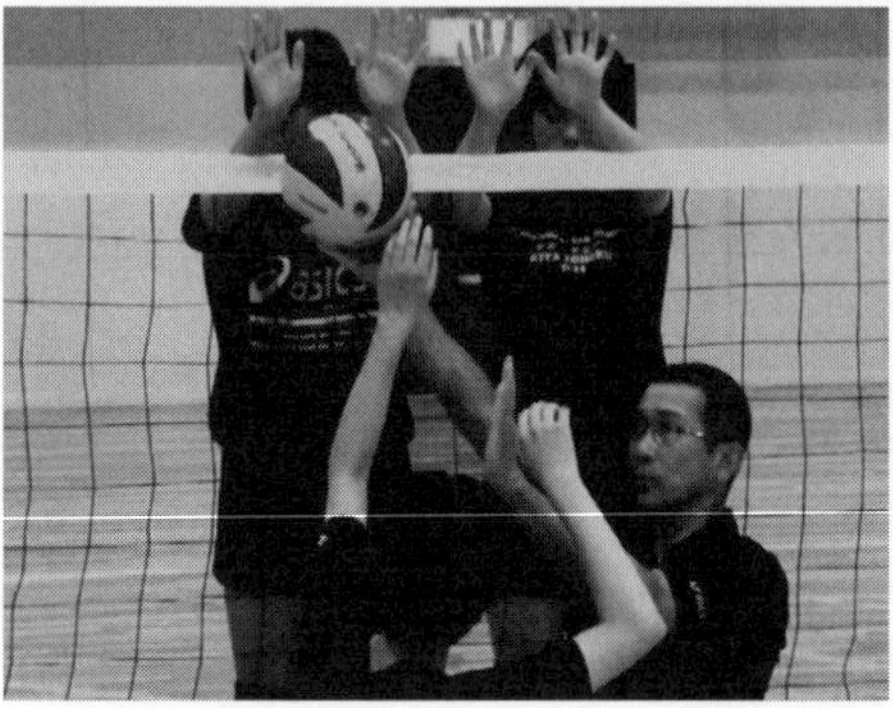

外側からの助走でも、ボールが顔の左半分にくるところで打てば、ブロックアウトが取れる。ポイントは、ボールより右へ回り込んで打つこと。手首をひねって打つパターンもあるが、ブロックに当たらずそのままアウトになるリスクがあるので注意

縦のブロックアウト

ヒジを高く上げて腕を縦にスイングし、思い切り打つ。ブロックに当たったボールが真後ろへ飛んでいき、ブロックアウトになりやすい

空中でワンテンポためる

相手のブロックが高い場合は、ワンテンポためて打つと効果的。ポイントは、ブロックの落ち際を狙うこと。腕を振り下ろして打つのではなく、手を遠くに振り出すイメージ

トスがネットに近い場合

トスがネットに近い場合、相手が押し返してくる力を利用して、ボールを外に押し出すようにブロックアウトを狙う。ネットに近い位置でも、空中でバランスを保つことがポイント

練習メニューはすべて
株式会社リアルスタイルより発売されておりますDVDより抜粋させていただきました。

バレーボール指導革命2
～「リスクを減らしつつ得点する逆転の発想」弱者のバレー攻撃編～

【お問い合わせ先】
株式会社リアルスタイル
635-0061　奈良県大和高田市礒野東町1－10上田ビル5F
0120－242－044
https://real-style.co.jp/category/879/

※DVD映像から切り出しているため画像が多少粗くなっています。

ジェイテクトSTINGSジュニア

宗宮直人監督

「選手を完成させない指導」

みんなと一緒のことを頑張るのがベース「誰からも応援されるチーム」を目指す

部活ではなくクラブチームでプレーする選手が増えている。その先頭を走っているのが、Vリーグ所属チームのジュニアチームだろう。中でも急成長を遂げているのが、ジェイテクトSTINGSの弟分、ジェイテクトSTINGSジュニアだ。2019年の「Vリーグジュニア選手権大会」は3位。2020年の「輝きCUP」では優勝を果たした。現役時代はセッターとして活躍した宗宮直人監督のもと、ジュニアアスリートの育成・強化に大きな期待が寄せられている。

そうみや・なおと　1973年4月24日生まれ、岐阜県出身。中学1年生でバレーをはじめ、岐南工高卒業後は豊田工機（現在のジェイテクトSTINGS）に入団。セッターとしてプレーし、コーチを経て34歳で勇退。2013年、碧南ジュニア OCEAN WINS を設立すると、中学生を対象にした指導を本格的に開始する。独自の指導法で選手の潜在能力を大きく伸ばし、各高校に送り出している。

宗宮直人監督の「礎バレー」とは？

一

厳しいだけでは上達しない。楽しいだけでは勝てない

宗宮監督は簡単に選手を褒めない。ときには叱ることもある。その理由は、チームの力にならない行動を取ったから。挨拶も一人だけちゃんとやっていなかったら注意する。みんなと一緒のことを頑張るのが宗宮バレーの根底にある。

二

選手を完成させない

宗宮監督がいつも選手に言っているのは、「二つのポジションをやりなさい」ということ。プレーの幅が広がると、どこのチームに行っても重宝される。目の前の勝利に固執するのではなく、選手の将来を見据えた指導法だ。

三 セッターは演出家になれ

25点のストーリーを作るのがセッターの仕事。あらゆる状況を想定しながら試合を進めることが重要で、引き出しをたくさん持っておかなければいけない。ガッツポーズ一つとっても、そこには勝敗の行方を左右する大きな意味合いがある。

四 みんなが同じ形を目指す

宗宮監督がコートの外から選手たちに言ったのは「今だからこそ基本に立ち返れ」。どんなに悪い状況でも基本に倣ってプレーする。目指しているのは、「みんなが同じ形」「みんなが同じステップ」「みんなが同じリズム」だ。

五 ゼロポジションからスタートする

どこからパスをはじめるか、相手の攻撃に対してどこから守るのか、そのスタートにあたる位置がゼロポジションだ。チーム全員が共通理解のもとに動き、スムーズにコンビネーションを展開する。だから、スティングスジュニアのバレーは簡単に崩れない。

厳しいだけでは上達しない。楽しいだけでは勝てない

もっとうまくなりたい。

強いチームでプレーしたい。

なのに、地元の中学校にバレー部がない。あったとしても、顧問の先生は初心者。正しい技術を教わりたくても教われない。そんな悩みを抱えている人も少なくないだろう。

成長著しい中学生年代にとって、問題はことさら深刻だ。

しかし、今、そうしたバレーボールを学ぶ場を求めている子どもたちの受け皿が増えている。

サッカーのJリーグにアカデミーシステムがあるのはご存知だろうか。将来のプロ選手を輩出するために、Jリーグは各クラブにトップチーム（プロ／第1種）だけでなく、18歳未満の選手で構成されたチーム（第2種）、15歳未満の選手で構成されたチーム（第3種）、12歳未満の選手で構成されたチーム（第4種、スクールやクリニックを含む）を持つことを義務付けている。

この第2種から第4種までをアカデミーと呼び、年齢別のリーグ戦や大会を実施するな

ど、試合環境の整備に取り組んでいるのだ。

一方、Vリーグを主催する日本バレーボールリーグ機構（Vリーグ機構）は、バレーボール人口の減少に歯止めをかけるため、男女各Vリーグチームに中学生年代で構成するジュニアチームの創立、育成促進を呼びかけている。2019年のVリーグジュニア選手権大会には、男子18チーム、女子4チームが参加。レベルの高い好ゲームを繰り広げた（2020年は新型コロナウイルスの影響により中止）。

その中で、男子3位に入ったのが、国内トップリーグのV1男子に所属し、愛知県刈谷市に拠点を置くジェイテクトSTINGSのジュニアチーム、ジェイテクトSTINGSジュニア（以下、スティングスジュニア）だ。

チームをまとめるのは、ジュニア指導普及・強化育成担当の宗宮直人監督。その経歴を振り返ると、29歳までジェイテクトの前身である豊田工機でプレーし、その後1年間、選手とコーチを兼任している。そこからさらに4年間、専任のコーチとしてチームを支え続けた。34歳で勇退。

「1年間はゆっくり頭を冷やしたい」と、バレーボールから離れた。

「そこから、『ジュニア世代のクラブチームを勉強していこう。それが地域への恩返しになる』と思うようになりました」

　はじめに三重県のクラブチーム（女子）で3年間、臨時コーチとして働いた。それが36歳のとき。高校の外部コーチを務めたこともある。そして、中学バレーのレベルアップを目標に、2013年、碧南ジュニアOCEAN　WINSを設立。碧海エリアにあたる碧南、刈谷、安城、知立、高浜、西尾の中学生を対象に活動を開始した。

　選手8人からのスタートだった。しかし、練習があるというのに、2人しか体育館に来なかった日もあったという。

　それでも、碧南ジュニアの存在は口コミで広がり、ジェイテクトSTINGSジュニアに名前を変えた2015年には70人近いメンバーが在籍。さらに人数が増え、2020年には100人を超える大所帯に成長を遂げた。

　宗宮監督の指導者としての原点は、幼少期まで遡る。父が柔道の指導者で、小学1年で柔道着を身にまとうのも自然の成り行きだった。厳しい稽古を重ね、生まれ育った岐阜県で一番になったこともある。

「非常にボランティア精神がある父で、見返りを気にすることなく子どもたちを教えていました。そうしたスタイルが、自分にも自然と身についたのかも知れません。礼で始まり礼で終わる。強くなるためには、礼節をしっかりしなさいと言われてきました」

二人の兄の影響でバレーボールをはじめたのは中学1年のとき。引退の間際に守備専門のリベロを経験したが、基本的にはセッター一筋だ。

「厳しいだけでは上達しない。楽しいだけでは勝てない」

それが指導者としてチームを率いる宗宮監督の信条である。

選手を簡単に褒めない。そして、チームの力にならない行動を取った選手を叱ることもあるという。

「例えば、これをやりなさいとメニューを出して、勝手なことをやり出したとき。確かに、『考えながらやりなさい』と言ってメニューを出したのは私です。ですが、必要のないことってあるんです。極端な例を挙げると、オーバーパスをやりなさいと言っているのに、一人だけアンダーパスをやっているとか。

あとは挨拶です。整列しているときに一人だけ〝気をつけ〟をしていなかったら、ちゃんとやりなさいと注意します。みんな同じスタイルじゃないといけないし、どんな練習でもみんなと一緒のことを頑張る。これが試合で役立ちます」

みんなと一緒のことを頑張る――。話を聞いていくと、これが宗宮バレーの根底にあることがわかる。

見た目は少し強面だが、宗宮監督の絶大な求心力によってスティングスジュニアはすくすくと育っていった。

選手を完成させない

バレーボールをする心構え――、宗宮監督の指導はそのことを選手たちに理解させることからはじまる。

目指しているのは、「誰からも応援してもらえるチーム」だ。

では、チームを応援してもらうために、選手は何を心がけたらいいのか。

「かっこいいプレーヤーになればいい」と言う選手がいる。

「大声を出すことが大事」と言う選手もいる。

地道な行動が見ている人に感動を与えることもある。

宗宮監督は、動画を見せながら選手に説明するという。

「よくやるのが、YouTubeを見せて、『こういう選手になったらどう?』という言い方です。『こういう選手になりなさい』とは言いません。ジェイテクトのトップチームには、日本代表の西田有志選手という素晴らしいお手本もいます。例えば、同じ左利きの選手に『あいう跳び方を覚えたら?』『(利き手と反対の)右手の使い方はどう?』と言って映像を見せるんです。すると、言われた選手は西田選手の真似をします。そこで、『もう少しこうなっていなかった?』と、もう一度、映像を見せてみる。そういうことを繰り返すことで、選手はどんどん吸収していきます。どういう選手が応援されるのかということも、自然と理解できるようになります」

チームとしての目標は、毎年、変わらない。

「日本一です。到底無理だろうという代でも、必ず日本一を目指します。まだ一度も叶えたことがないけど、目標は必ずそこ。それを最初に選手へ伝えます」

チームに入団するためのセレクションはない。だから、入ってくる選手のスキルやキャリアにも違いがある。小学生のときに全国大会を経験した選手、他のスポーツで実績を残した選手、中学からバレーボールをはじめた選手もいる。しかし、キャリアに違いはあっても、はじめはバレーボール本来の基礎、反復練習を徹底し、例え個々の能力に差があったとしても全員が同じ練習をする。

「小学生のときからやってきた子は、正直、1年生のうちはそれほど伸びません。そのうち、中学に入ってバレーボールをはじめた子が、どんどん伸びてくる。その追いついたところからが競争です」

そこからが宗宮監督の腕の見せどころだ。心がけているのは、選手を完成させないこと。チームとしては完成させるが、選手の伸び代は残したまま高校に送り出す。

「攻撃専門のオポジット（セッター対角）にどんどんスパイクを打たせておけば、選手としては完成させることができるでしょう。オポジットだから、本来はサーブレシーブをしなくてもいい。でも、そこで、『ちょっとサーブレシーブやってみる?』と聞いてみるんです。そして、時間をかけてサーブレシーブの練習をし、そこのスキルだけを上げる。ある程度できるようになったら、そこで練習はストップ。『もうできるからね』と言うだけです。

すると不思議なもので、そういう選手は普段のパス練習でも、サーブレシーブをするときのようにヒザを曲げ出します。それまで適当にパスをしていたのに、まるで呪文にかかったように『俺、もしかしたらできるかもしれない』と気づくのでしょう。だから、完全に教えるわけではありません。『できるかもしれない』というモヤモヤを抱えさせた状態で次に行かせます。『お前の可能性は、ここまでじゃないんだよ』というメッセージです」

もしかしたら、高校に入ったら、チーム事情から「別のポジションをやりなさい」と言われるかもしれない。そんなとき、サーブレシーブができるようになっておくと、スムーズに対応できるだろう。大事なのは、プレーの幅を広げること。どんなスポーツでもオールラウンドに活躍するユーティリティプレーヤーは、重宝される。バレーボールも例外ではない。

それが宗宮監督の仕掛けだ。

「確かに難しいですが、それができなかったらこの子たちに次はありません」

間違った練習で成長を妨げるのなら、正しい基礎練習で正しいスキルを身につけたほうがいい。そうすれば、高校に行ってからも役に立つ。

「徹底した基本練習をした上で、中学の部活に行かせるというのが僕の方針です。中には、中学の部活とは異なるポジションでプレーしている選手もいます。いつも言っているのは、『二つのポジションをやりなさい』ということ。ミドルブロッカーとアウトサイドヒッター、セッターとリベロなど、複数のポジションに挑戦させています」

目の前の勝利に固執するのではなく、あくまでも選手の将来を見据えた指導法。そんな宗宮監督の方針に惹かれ、中学の部活に通いながらスティングスジュニアにも籍を置く選手は多い。

異なる環境で育ってきた選手が集う

クラブチームには、地域の様々な中学から選手が集まってくる。それも特徴の一つだ。例えば、スティングスジュニアの練習に通う選手たちも、バレーボールをはじめたきっかけや育ってきた環境はバラバラで実に興味深い。

ここでは、スティングスジュニアを選んだ理由、部活とクラブチームの違い、自分が成長したところ、将来の目標などについて選手に聞いた（学年はすべて当時）。

【中学にバレー部がない：三浦史瀬くん／中学3年／リベロ】

バレーボールをはじめたのは幼稚園の年長のときです。小学校でもずっとやっていて、小学5年のときに東海大会で9位に入りました。

小学6年の最後の大会で、宗宮監督が見に来てくれました。そこで誘ってもらったのが、スティングスジュニアに入ったきっかけです。最初はレギュラーになれるのかとか、いろいろ心配はありましたが、今は楽しくバレーができています。

宗宮監督はリベロも経験したことがある人なので、教え方がとても理解しやすいです。チームに入って一番上達したのはレシーブですね。それから、トスもできるようになりました。小学生のときは、トスが苦手だったんです。いつもダブルコンタクトの反則を取られていました。だけど、今は二段トスを上げるときも、無回転のボールをちゃんと上げられるようになりました。レシーブの練習に二段トスを織り交ぜたり、コートの端から二段トスを上げる練習をよくやりました。

バレーボールは楽しいです。練習のときはみんなに会えるし、ちゃんと練習できているので幸せです。試合があればたくさんの人に見てもらえるし、いいプレーをしたときはすごくテンションが上がります。クラブチームに入って本当によかった。将来はジェイテクトに入って、宗宮監督や親に恩返しがしたいと思います。

【中学とは違うポジション：後藤快吏くん／中学3年／セッター】

2歳上の兄の影響でバレーボールをはじめました。小学3年のときは、県大会で優勝して全国大会に行きました。僕は試合に出ていませんが、いい思い出です。

中学ではビーチバレーもやっていて、全国大会に2度出場し、両大会ともベスト16でした。スティングスジュニアに入ったのは小学6年の後半です。部活だけだと満足できなかったのと、先輩に誘ってもらったので入りました。セッターは中学3年になってからはじめました。宗宮監督から指名されたのがその理由です。最初はびっくりしました。自分にできるかなって思いました。

どうしてセッターに指名されたのかはわかりませんが、試合で一番ボールに触るポジションだと思っています。オーバーパスはそれほど得意ではなかったですが、セッターをはじめて基礎練習を徹底してやりました。

思い出に残っているのは中学3年の「輝きCUP」。マッチポイントで、自分がトスを上げて優勝できたことです。

クラブチームは、いろいろな中学からたくさん人が集まって、みんな個性豊かで楽しいです。このチームではいろんなポジションを経験できることも魅力の一つ。高校に入っても、いろんなポジションでプレーできるのは有利だと思いますから。スティングスジュニアは基礎練習をやったあとに、試合形式など応用に進んでいく。そこはハードですが、練習も楽しくできています。

これからもしっかり勉強して、大学を卒業しても企業に入ってバレーボールを続けたいと思います。

【中学に入ってからバレーをはじめた：足立壮麻くん／中学3年／レフト】

はじめは中学でバスケットボールをやろうと思っていたけど、バスケ部がありませんでした。そのため、お姉ちゃんがやっていたバレー部に入ることにしました。

スティングスジュニアに入ったのは、お父さんから「やるからには、しっかりやりなさい」と言われたからです。また、中学の顧問は経験者でないため、スキルの面であまり教えてもらうことができません。そうした点も含めて、中学2年の冬から入りました。

入団して感じたのは練習の質です。練習と練習の間の休憩が部活より短くて、とてもスムーズに感じました。それまでは足や体も細かったけど、クラブチームは練習量が多く、土日も試合を組んでいただけるので、足が太くなり、体もゴツくなりました。バレーがやりたい人が集まっているため、練習のレベルや質、意識、すべてが高いのが、クラブチームのいいところだと思います。

チームに入ったとき、お父さんから「全国大会に出場してほしい」と言われました。その言葉を胸に、苦しいときに得点を決められる選手、競り合った場面で活躍できる選手になれるよう、これからも練習に励んでいきたいです。

【小学生の時に走り幅跳びで日本一：柏﨑祐毅くん／中学1年】

小学生のとき、県大会で出した走り幅跳びの記録が、47都道府県の記録を集計して1位でした。４年生と5年生のときです。今の身長は１８０センチ。成長期が来ていないので、まだまだ伸びると思います。

バレーボールは、小さい頃からお父さんと遊びでやっていました。本格的にはじめたのは小学5年のとき。5歳上のお兄ちゃんに憧れたのがきっかけです。最初に入ったのは地元の少年団でした。当時は陸上のチームにも入っていて、小学6年の夏からバレーボールに専念するようになりました。身長が高く、足も速かったので、それを生かしたいという思いもありました。バレーボールは、相手のスパイクを拾ったり、相手のブロックを見てスパイクを決めるところが楽しいです。チーム競技なので、ミスをしても周りが支えてくれるのも魅力の一つです。

このチームに入って、技術面はもちろんメンタル面も強くなりました。宗宮監督に習って、挨拶などの礼儀も自然とできるようになりました。

憧れは日本代表の石川祐希選手（パワーバレー・ミラノ／イタリア）です。フォームがすごく綺麗で、セリエAの強豪チームでリベロを任されるくらいレシーブがうまい。自分も、レシーブもスパイクもブロックもサーブも全部一番うまくなりたいです。希望している高校、大学に進み、将来はジェイテクトでプレーできるように頑張ります。

４人のコメントに共通しているのは、バレーボールを楽しんでいることと、それまでできなかったことができるようになった喜びだ。そして、皆一様にチームのレベルの高さを実感している。

もちろん、試合に勝つ喜びや仲間との絆は、中学の部活でも培うことができるだろう。目標に向かって切磋琢磨した経験は貴重な財産だ。

だが、それと切り離して考えるなら、個のレベルアップにフォーカスしたVリーグのジュニアチームの指導も、一考の余地があるのではないだろうか。

セッターは演出家になれ

俳優に演技指導をしたり、音楽や照明、カメラワークなどを決めながら作品を仕上げていくのが演出家だ。演劇やミュージカルにおける最高責任者である。

宗宮監督は、セッターに「演出家になれ」と言う。

「25点のストーリーはセッターが作らなければいけません。例えば、セットの終盤に、監督がリリーフサーバーを投入することがあります。その選手がいいサーブを打って1点を取ったときに、こういう状況が生まれるというストーリーを描いておくことがセッターにとっては重要なのです。もしかしたら、その選手がミスをするかもしれない。すると、信頼を置いている選手のミスによってチームが崩れ、相手に連続得点を取られてしまう可能性があります。状況に応じて20対20になるというストーリーも作らないといけないし、20－24で負けているというストーリーも作っておかなければいけません」

そうなったとき、セッターは何をすればいいのか――トリッキーな攻撃をするのか。それとも、平凡にプレーをするのか。攻撃に変化を加えることで連続得点が取れるかもしれないし、いつも通りのプレーをして、相手に連続得点を奪われるかもしれない。セッターはあらゆる状況を想定しておくことが重要で、引き出しをたくさん持っておけば、例え選択した方法が間違っていても慌てずに済む。

華々しいエンディングを作ることだけが演出家の仕事ではない。

「当然、シーンと静まり返る時間帯もあるでしょう。バレーボールにとっては、我慢の時間です。それも、アタッカーが作るのではなく、セッターが作るものだと思っています」

では、宗宮監督にとってストーリーの作り方がうまいセッターとは?

「パナソニックパンサーズの深津英臣選手、2019―20シーズンまでジェイテクトに在籍した中根聡太(現・教員)。もっと古くは、バルセロナオリンピックに出場した松田明彦さんもそういうセッターでした。私が見ていたときに、『ここでこんなことをする?』ということをよくやっていたんです。クレバーな選手であまりガッツポーズもしないのに、『そこでやる?』というときにガッツポーズをする。それでチームがものすごく盛り上がるんですよ」

心当たりがある。確かに中根さんも現役の頃は、〝チームを勝たせられるセッター〟だった。

身長173センチとバレーボール選手としては小柄だが、アタッカーを〝乗せる〟ことにかけて右に出る者はいなかった。

例えば、エースの西田有志には、サーブが回ってくる直前に意図的にスパイクを打たせた。それによって、肩の力が抜けた西田は気持ちよくサーブを打つことができた。大事なところで点を取ったら、とびきりのガッツポーズでコートを走り回った。途中からコートに入って、劣勢をはね返したことも一度や二度ではない。多くの試合が、中根さんが描いたストーリーのもとに作られていた。

——それでいうと、今のチームで後藤くんをセッターに変更した理由はどこにあるのでしょうか？

セッターは、アタッカーができるだけフリーで打てるように、トスを上げる位置を変えて相手のブロックを振らなければいけない。後藤くんにその素地があったのか、宗宮監督に聞いた。

「なぜかボールの落下点にいるんです。一つ目のボールが上がったところから、次の予測というのでしょうか。野球の場合、優れた外野手はバッターが打った瞬間に打球の落下点がわかりますよね。それができる子は、僕は例えパスが下手でも、一度はセッターをやらせます。それから、トスを上げるときに相手のブロックやアタッカーの状態を見ることができた。それが彼をセッターにした理由です」

司令塔と呼ばれるセッターがどんなストーリーを描きながらコートに立っているのか。それを想像するだけで、スティングスジュニアの試合をワクワクした思いで見られるに違いない。

みんなが同じ形を目指す

なかなか選手を褒めない宗宮監督が褒めた試合がある。中学3年にとって最後の大会、2020年10月に行われた「第15回輝きCUP 日本ヤングクラブバレーボール男女選手権大会」だ。

岐阜のフレンズとの決勝戦。1セットずつ取り合い、試合はフルセットに持ち込まれた。前半は一進一退。アンラッキーな失点もあった。線審の判定に納得がいかない選手たち。しかし、宗宮監督は「いいから！　下がれ！」と食い下がる選手をなだめた。そこからの戦いが凄まじかった。セッターのトスワークも冴えていた。相手に的を絞らせず、ミドルブロッカーの速攻で連続得点。

9対9の場面でオポジットが強打をたたき込み、ようやく1点をリードした。勝負どころでブロックポイントも出た。最後はオポジットが決めてゲームセット。デュースにもつれた接戦を制した。

「最終セットは劣勢になりましたが、僕は一度もタイムアウトを取りませんでした。コートの外から選手たちに言ったのは『今だからこそ基本に立ち返れ』と。それだけを言い続けて、最後に2点取って勝ちました」

なぜ宗宮監督が褒めたのか。これまでずっと積み上げてきた自分たちのバレーボールを出し切ったからだ。

「リベロがきれいに上げて、少しトスは悪かったけど、最後は左利きのオポジットが相手コートの真ん中にバチンとたたき込んだ。『トスが悪かったら真ん中に返しなさい』とずっと教えてきたことを、最後に実践してくれたんです。まさに基本に立ち返ってくれた。いい状態でプレーできるのは基本練習だけです。悪いパターンになったときに、いかに自分たちがやってきたことを守れるか。リベロにしても、本来ならオーバーできれいに上げなければいけないけど、アンダーのほうがいいと判断したのなら、しっかりと基本に倣って上げればいい。それが僕のバレーなのかなと思っています」

宗宮監督が目指しているものがある。
・みんなが同じ形
・みんなが同じステップ
・みんなが同じリズム
この3つだ。同じ形といっても、個々のプレースタイルを制限するものではない。

「音楽の授業を思い出してください。一人だけ音痴でも、みんなと一緒に歌ったら、チームとしてうまく聞こえませんか？　あるいは、ダサい服を着ている子がいるとします。だけど、同じような格好をしている子がブワーッと集まれば、なんかカッコよく見えますよね。要するに、チームとしてうまく見えるかどうか。そこが応援してもらえるチームかそうでないかの分かれ目になると思います」

練習でも、一部が走って、一部が歩いているのはNGだという。歩くなら全員で歩く。走るなら全員で走る。笑うなら全員で笑う。怒られるなら全員で怒られる。

スティングスジュニアの選手たちが醸し出す圧倒的な雰囲気は、こうした意識の高さから生まれている。

ゼロポジションからプレーがスタートする

Vリーグのジュニアチームには、どれだけトップチームに選手を送り出すかという明確な目標がある。そのため、トップチームのバレースタイルを踏襲しているジュニアチームも少なくない。

スティングスジュニアもその一つだ。

「アナリスト（自チームや相手チームを調査・分析し、試合で役立つ情報を選手やコーチに提供する専門家）から意見を聞いて、特にレシーブの体系は一緒にしています。ブロックのサインも昔から変わらないので、それを同じように教えている。攻撃も同じことを教えるけど、その中に中学生らしい――僕が目指しているバレーをやらせることもあります」

もちろん、トップチームの真似をしても、中学生には合わないこともある。

「だけど、『これをやらないと、将来につながらないよ』と。それも将来を考えてのことです。だから、中学の部活に戻って同じことをやっているかはわかりませんが、うちのチームでは、それが〝ゼロポジション〟なんです」

ゼロ（原点）ポジション――、どんな状況でも決められたポジションに戻るスタイルを、スティングスジュニアではこう呼んでいる。

別の呼び方をするなら、「礎バレー」だ。

「どこからパスをはじめるのか。あるいは、相手の攻撃に対して、どこから守るのか。ブロックはどこからするのか。そのスタートにあたるポジションをゼロポジションといい、そこに至るまでの動作を重要視しています」

ブロックだったら、決まった位置に並ぶのがゼロポジション。例えば、相手がレフトにトスを上げたら、それに合わせて決まった体系を取る。どこのチームと対戦するときも、基本的なポジションは変わらない。

「3人レシーブをしているときも、球出しをしているところにボールが戻るときにはゼロポジションになっています。もし、一人が遅れても、強制的にそれに対するゼロポジションにする。つまり、強制的にゼロポジションに戻し、自然にレシーブできる状態にします」

相手がイレギュラーな動きをしても、チーム全員が共通理解のもとに動けば、スムーズに次のプレーに移行できる。コンビネーションが高まり、攻守において大きく崩れることはない。チーム力が高まるだけでなく、個々の対応能力を養う上でも非常に有効だ。

選手のよさを引き出す指導とは

「ディグ（スパイクレシーブ）はコートになれ」

それが、レシーブの極意だ。

「そのままの意味です。『あなたたちは、コートになりなさい』と。這いつくばってでもボールを取れと言っています。1ミリでも床からボールが浮いていたら拾わないとダメ。これはもう、技術やフォームのことではありません。メンタルの話です。とにかく、相手が打ってきたスパイクを拾うときは、コートにならないといけない」

宗宮監督の言葉は示唆に富んでいる。しかし、本人は「そこが自分にとって明らかに足りないところ」と謙遜する。

「トークが上手い指導者はマネジメント力に長けており、その監督が指揮を執るチームもやはり強い。一般の企業も同じでしょう。専務など役員クラスの講演が上手い企業は、経営も成り立っています。部活もクラブチームも、やっていることは経営と同じですよ」

そして、もう一つ、指導者に求められる要素が「選手のよさを引き出す決断力」。
「本能が必要なのか、『ここで選手のよさを引き出してやろうという決断力』がまだまだ自分には足りません。結局、タイミングを逸して、同じように流れてしまう。選手が持っている引き出しを引いて上げることはできるけど、その引き出しを持たせてあげることができないんです。それが的確にできる指導者はすごいし、そういう指導者が率いるチームにはオーラがありますよ」

宗宮監督にとって、バレーボールを指導する醍醐味とはなんだろうか。

「高校のバレーボールを見に行ったときに、うちで頑張っていた選手が試合に出て走り回っている姿を見るのが一番嬉しいですね。もっと言うなら、うちで試合に出ていなかった選手が、高校で活躍している姿を見るとものすごく嬉しいです。そのときは、心から『やっていてよかった』と思います」

かつて身長150センチあるかないかの、とても小さな選手がいた。他の選手に比べて力も弱く、リリーフサーバーとしてコートに入っても、サーブが相手のコートまで届かないことがあった。

それでも、バレーボールに対する意識はとびきり高かった。整列して話を聞くときは、必ずかかとを上げたまま立っていたほどだ。練習試合で線審をするときも、人一倍の熱意を持って取り組んでいた。

異彩を放ったのはレシーブだ。相手が打ってきた強烈なスパイクも、クルリと体を翻らせて、鮮やかに取ってみせる。「彼の意識の高さを見習うんだ」。他の選手にそう伝えたこともあった。

その選手が、進学した高校でキャプテンをやっていると聞いて、宗宮監督は喜んだ。決して強い高校ではなかったが、どうやら将来、やりたい職業があるらしい。

「おおーーって。ハハハ。嬉しかったですね」

高校の試合を見に行ったコーチが報告してくれた。

ジュニアチームの歴史はまだ始まったばかり。ゆくゆくはスティングスジュニアを巣立っていった選手が、どこかのVリーグに入ったという話を聞くこともあるだろう。そうなれば、また違った醍醐味を感じられるに違いない。

そのときが来るのが、宗宮監督にとっては何よりの楽しみだという。

肩や背中に刺激を入れるトレーニング

腹筋を5回して反対側のエンドラインまでダッシュ（コートの中央で一度、切り返す）。同様に、背筋を5回して反対側のエンドラインまでダッシュ、肩に刺激を入れて反対側のエンドラインまでダッシュ。腕立て伏せではなく、肩や背中に刺激を入れることが目的なので、ポンポンポンとリズムよく行う。回数は少なくてよい。こうしたトレーニングを取り入れることで、「肩が痛い」と訴える選手がいなくなった。スティングスジュニアでは、練習前のランニングのあとに行っている

練習動画

カニ歩き

アンダーハンド

オーバーハンド

足首、ヒザの角度は90度。アンダーハンドの場合、手の高さを太腿と並行にする。かかとは床から離さずに着けたままスライドして、横に向かって歩く。ポイントは、足を踏み込んだときに腰をキュッと入れること。通常ならフライングレシーブで取りに行くボールも、球際での横への一歩が強くなり、ギリギリまで我慢できるようになる。アンダーとオーバーの両方を行う

練習動画

二段トス

相手がレフトからスパイクを打ってくる場面を想定する。球出しをする際に、グッと下がったレシーバーの体系がゼロポジション。レシーブで上げたボールを二段トスに持っていく。レフトから来たボールはレフトから打ち返す、ライトから来たボールはライトから打ち返すのが基本。二段トスは、高く大きく上げることを意識する

練習動画

サーブレシーブ

レシーバーはしっかり面を作り、ボールを上げたい方向に向ける。正確に当てれば、ボールは高く上がる。低く構え、ボールの下を目で追うのがポイント。ボールを返したらスピードをつけて横に駆け抜ける。球出しをする人は、低くてドライブ回転がかかったボールを入れる

練習動画

ブロック

セッターは、レフトかライトにトスを上げる。ブロッカーは、それに合わせて2枚で跳ぶ。ブロッカーは、スタートの位置（ゼロポジション）を意識してポジションを取ること。セッターは相手のコートをよく見てトスを上げ、できるだけブロッカーを振る

練習動画

上黒瀬JVC

小林直輝監督

「小さくても戦える」

徹底した反復練習が生み出したサーブとレシーブで日本一に

2019年の全日本小学生大会を制したのは、平均身長138・0センチの“小兵軍団”上黒瀬JVCだった。巧みなテクニックで10センチ以上上回る相手を手玉に取り、会心の試合運びで日本一の栄冠をつかみ取った。正確なサーブ、粘り強いレシーブは、普段の反復練習によるものだ。なおかつ、少ない人数ながら、効率的に練習を進めていく。率いる小林監督と保護者の愛情、そして、選手たちのチャレンジ精神が、チームの結束をより強固なものにした。

こばやし・なおき　1975年6月26日生まれ、広島県出身。小学校から高校の途中まで選手としてバレーボールを経験。28歳のときに、上黒瀬JVCの監督に就任する。初めて全日本小学生大会に出場したのは、2016年の第36回大会。そのときは予選2日目で敗れ、惜しくも準々決勝に進むことができなかった。そこから3年ぶり2回目の出場となった第39回大会で初優勝を果たした。

小林直輝監督の「スキルアップ法」とは？

一

一人ひとりが役割を全うする

バレーボールにおいて、身長が低いことは弱者であることを証明するものではない。大事なのは、視野の広さと判断の早さ、そして、身長の劣勢を補うテクニックである。一人ひとりが役割を全うすれば、チームは一つになる。

二

膝を床に着けないレシーブで、スピードで相手を上回る

レシーブをしたら素早く次のプレーに移るため、膝サポーターは着けない。脇をしっかり締め、上半身を被せてボールをヒットすることが小林監督のこだわりだ。独特のスタイルを、人は〝上黒瀬のレシーブ〟と呼んでいる。

三

遊びでも負けたくないという気持ちを持って取り組む

今まで勝てなかったチームに勝てたときの気持ちを忘れない。それが〝闘志〟だ。中途半端なことをしたらダメ。例え練習試合でも手を抜かない。難しい課題を与えられたとしても、それでも負けないように戦うことが重要だ。

四

徹底した反復練習でフォームに磨きをかける

正確なボールを打ち続ける美しいフォームは、反復練習によって磨かれたもの。どれだけしんどい練習でも、体が覚えるまでしつこく反復する。効率的に練習を進めるために、スマートフォンの動画機能を使うのも効果的だ。

五

チームの浮き沈みを見て、ときにはわざと試合で負けさせる

子どもにとって、心の浮き沈みは当たり前。集中力が散漫になったときは、意図的に選手を迷わせたり、突き放したりする。つまり、チームを〝落とす〟。そうすることで、どれだけ逆境でも慌てずに行動できるメンタルが身につく。

小さくても戦える

2019年、盛夏。第39回全日本バレーボール小学生大会。舞台となったとどろきアリーナで、〝小さな巨人〟が破竹の勢いを見せた。

コートに入る6人の平均身長は138・0センチ。粘り強いレシーブと正確なサーブで下馬評を覆し、気がつけば最終日まで駒を進めていた。決勝戦の相手は、平均身長が10センチ以上上回る日南ラビッツ。第2セットこそ失ったものの、エースの岡日和さんが技ありのスパイクで次々と得点を重ねていく。最後まで攻撃的なバレーボールを展開し、フルセットで勝利をつかんだ。

小さくても戦える。

手にした日本一の称号は、チームを率いる小林直輝監督の熱意とアイデア、支える保護者の愛情、そして、なにより選手たちのチャレンジ精神によってもたらされた賜物だった。

広島県東広島市。市立上黒瀬小と周辺の小学校に通う子どもたちで構成されている上黒瀬ジュニアバレーボールクラブ（JVC）。

全国大会を制したときのエース岡さんは（当時）145センチ。文部科学省の調査によると、平成30年度の11歳女子の平均身長は146・8センチだというから、見た目は一般的な小学6年生と変わらないだろう。

だが、現代のバレーボールにおいて、小さいことは弱者であることを証明するものではない。

身長の劣勢は、身体能力の優位性で補った。視野の広さと判断の早さ、あらゆるテクニックを初見で身につけるセンスで、岡さんは早くからチームの中心として活躍してきた。

「保育所に通っていた頃から、補助輪のない他人の自転車を勝手に乗り回していたらしいですよ」

小林監督はそう言って笑った。

レギュラーになった小学3年生の頃は主にレシーブを担い、4年生になるとメンバーが足りないチーム事情からセッターを務めた。そして、5年生からはアタッカーとして攻守の要になる。こうして様々なポジションをこなしたことは、成長を促す上で大きな役割を果たした。

「本来は3本目で相手コートに返すところを2本目で返すなど、（相手コートの）空いたところがよく見えていたと思います。相手にチャンスボールを返さないといけない場面でも、少しでも難しいところに返していました。相手のセッターが慌ててネットの近くにボールを上げたら、すかさずパーンとダイレクトで打ち返すこともありました」

相手からすれば、手がつけられない存在だった。ときには、岡さん一人に4人のブロックがついたこともある。はじめはムキになってブロックに捕まっていたが、冷静さを取り戻すと、ブロックにわざとボールを当てて得点を奪った。さらに、前がかりになった相手コートを見て、がら空きになった後ろにボールを落とすこともあったという。

小さいチームはどうしても守備に意識が偏りがちだが、驚くべきは攻撃で相手を圧倒したことだ。

さらに苦しい場面で活躍したのが、同じ(当時)6年生の沖廣小暖さん。チーム最長身の152センチで、フルセットにもつれ込んだ決勝戦も、ブロックでプレッシャーをかけ続けて相手のミスを誘った。速いバレーを作り上げたセッターの打川結衣さん、優勝を決めるサービスエースを決めた高尾美咲さん(ともに6年生)の存在も忘れてはいけない。

そして、バックで守る4年生の2人。相手のスパイクを落とさないように、巧みにポジションを取ってコート上のスペースを消した。

「以前は4年生が崩れると、そのサポートに6年生が追われ、全体が崩れてしまう傾向が強かったんです。つまり、お互いに足を引っ張ってしまい、自分のプレーができなくなる。でも、あのときは6年生がしっかり守り、抜けてきたボールを4年生が確実に上げてくれるだけでよかった」

こう話す小林監督。そして、そうした関係性を正常に機能させる声がけをキャプテンの岡さんが担っていた。当時、4年生としてバックで入っていた賀川咲穂さんが言う。

「サービスエースを取ったときに、岡さんがとても喜んでくれました。全国大会は、みんなで協力し、声をかけ合いながら全力を出し切ることができました。私もみんなのために、しっかりレシーブを上げようと思っていました」

一人ひとりが自分の役割を全うすることで、チームは一つになった。

劇的な一戦だった。そう伝えると、小林監督は

「たまたまです。何もかもがうまくいっただけ」

と、謙虚に語る。

果たして、日本一は「たまたま」で獲れるようなものだろうか。どうやら違う。

全国制覇から一年、小学生バレーボーラーのほとんどが何もない夏を過ごしていた。上黒瀬ＪＶＣも例外ではなかった。しかし、チームは代替わりし、新しく生まれ変わっているはずだ。

２０２０年秋、東広島市を訪ねた。山陽新幹線の停車駅でもある東広島駅から車でおよそ15分、広がる田園風景の先に主な活動場所となる上黒瀬小学校があった。設立は１８７４年。決して広くはないが、体育館は厳かなたたずまいを感じさせる。足を踏み入れると、真剣な眼差しでボールを追う選手たちの姿がそこにはあった。

〝上黒瀬のレシーブ〟とは？

上黒瀬ＪＶＣの練習を見ていて、何かが引っかかった。そうだ。膝サポーターを着けていないのだ。確か、全国大会もそうだった。

小学生バレーボーラーのみならず、国内のトップリーグでも緩衝パットが入ったサポーターを膝に着用している選手は多い。ボールに飛びついたときに、膝を床にぶつけた衝撃から守るためだ。

しかし、上黒瀬ＪＶＣの選手たちは、練習でも試合でも伝統的に膝サポーターを着用しない。

なぜか。

「膝を床に着いたら倒れ込んでしまうので、極力、膝を着けないでレシーブをするようにしています。この子たちにははじめからサポーターをする意識がありません。先輩たちも誰もしていませんから」

小林監督がそう説明する。

小さいチームが大きいチームに勝つには、スピードで相手を上回ることが重要だ。その点、上黒瀬ＪＶＣのバレーボールは、レシーブから攻撃に移るまでが実に速い。相手がサーブを打つと同時に動き出し、次のプレーに備える。もし、レシーブした選手がそのまま床に突っ伏していたら、攻撃は大きく遅れるだろう。

「膝を床に着くより先に、足の裏で次の動きに進んでほしいんです。強打を受けるときは、どうしてもドンと膝を着いたほうがいいときもある。だけど、体も一緒にバタンと倒れてしまったら、次の動きが遅れます。そうならないよう、膝サポーターを着けないレシーブの意識づけをしています」

フォームのこだわりは、脇をしっかり締め、上半身を被せてボールをヒットすること。独特のスタイルは、いつの頃からか〝上黒瀬のレシーブ〟と呼ばれるようになった。

コーチの徳長順次さんが言う。

「小林監督が一つの形を作り出しました。代が入れ替わっても、同じレシーブの形を引き継いでいます。他のチームからも『ボールの取り方を見ると（上黒瀬JVCの選手だということが）わかる』と言われます。県外からも『このレシーブを習いたい』というチームがよく訪れますよ」

普通だと思うけどな――、その隣で小林監督が苦笑いする。

全国大会での合言葉は、「レシーブも攻めていこう」だった。レシーブは守りだけど、守るんじゃない。攻めようや。チームを頂点に導いた〝攻める〟レシーブは、紛れもなく上黒瀬JVCの稀有な努力によって生み出されたものだった。

ボールの勢いを吸収する

1

2

2人1組になり、足元に置いたボールにレシーブしたボールを当てる。レシーブの練習は一般的に、両手で作った「面」を相手に向けてまっすぐボールを返す。しかし、上黒瀬JVCでは、脇を締めて、上半身を被せ、ボールの勢いを吸収する。速いバレーをするためには、パスの強弱をコントロールできるようにならないといけない。相手のスパイクが強いと放り上げるようなレシーブをする傾向があるので、ボールを弾かないように注意して、セッターがいる位置に返球する

練習動画

背中に背負った〝闘志〟の意味とは？

選手や監督が着ているTシャツに刻まれた〝闘志〟の二文字。それでなくても風格が漂う言葉だが、そこに至るまでの経緯を知れば重みがより増してくる。

小林監督が10年以上も前の記憶を呼び覚ます。その年の春、あるチームに大敗した。悔しさをバネにして練習に励んだ。夏は同じチームをフルセットまで追い込んだ。それでも、負けは負け。また努力して、冬に3度目の対戦を迎えた。

そして、勝った。

「あれだけコテンパンにされた相手にリベンジを果たした。今まで勝てなかったチームに勝てたときの闘志を忘れずに、これからも頑張ってほしい」

その思いを込めて、一人の選手の父親が横断幕を作ってくれた。恰幅《かっぷく》がよくて、熱くて、いい人だった。いつも夫婦そろって体育館に足を運び、娘の活躍に目を細めていた。

訃報が入ったのは、酒を酌み交わした2日後のことだ。

「そのときは、普通に飲んでいたのにね。突然……。心臓を患っていたそうです」

残されたのは在りし日の思い出と、〝闘志〟と書かれた横断幕だった。

「その保護者さんの意思を絶対に忘れてはいけない。そう思って、横断幕に書かれた文字を、Tシャツにも入れることにしました。もしかしたら子どもたちにはわからないことかもしれない。でも、僕たちは彼の思いを背負って戦おう。中途半端なことをしたらダメだと、いつも言い聞かせています」

古くなった横断幕を作り直すことはあっても、〝闘志〟の言葉だけはそのまま継承しているという。

「子どもたちには、遊びでも負けたくないという気持ちを持ってやってほしいですよね。例え練習試合でも、絶対に手を抜かない。万全な状態でプレーできないような難しい課題を与えられたとしても、それでも、負けないように戦ってほしいんです」

上黒瀬JVCの歴史を振り返っておこう。発足は2003年頃。近くに住んでいた保護者の一人が、当時20代後半だった小林監督に声をかけてきた。確かに、バレーボールは小学校から高校の途中までやっていた。だが、10年くらいバレーボールとは無縁の生活を送っていた。

「どこかで僕が経験者だと聞いたんでしょうね。近所の保護者から相談されました。最初は『無理ですよ』って断ったんです。そうしたら、『それでもいいから』って。最初のメンバーはちょうど6人。ほとんど素人の集まりでした」

横のつながりを広げるところからはじまった。近隣のチームに頭を下げ、子どもたちを連れて一緒に練習させてもらった。指導者と会話を重ね、その練習方法を見て学んだ。

インプットした情報をただ鵜呑みにするだけではない。使えそうなところを抜き出し、チームの特徴に合わせてやり方をアレンジしていく。ダメだったらすぐにやめて、いいと思ったことは続ける。右も左もわからない状態からのスタートだった。

徳長コーチが、小林監督の人柄についてこう話す。

「熱い人。とにかく必死なんです。息子さんが3人いて、みんなサッカーをやっています。普通だったらそっちの試合も気になるはずなのに、この子ら（上黒瀬JVC）のことが一番。そして、勉強熱心です。いろいろなところに学びに行って、『あれをやってみよう』『これもやってみよう』と試している。そうして、この子たちに合っているものをオリジナルで作り出すんです。すごいなと思います。全国で1位になった監督さんなのに、とても謙虚にいろいろなことを学んでいるんですから」

横に広げたつながりはやがて根を張り、周りのチームとの関係性をより強固なものにし

監督や選手が着用しているシャツに"闘志"の文字。
「遊びでも負けたくないという気持ちを持って取り組むことが大事」と小林監督は言う。

ていった。

「そこが一番大事じゃないですかね」

と、小林監督が表情を緩める。吸収すべきところがあって、助け合って、切磋琢磨する。強いときも弱いときも練習や合宿に誘ってくれるチームは最強の味方だ。

全国大会の出場経験もある強豪、八本松バレーボールクラブが近くにあったことも幸いだった。

「ずっと強いチームで、そこから学ばせてもらうことは多かったです。でも、はじめは『強豪チームは敷居が高い』というイメージが僕の中にありました。うちらが行っても相手にしてもらえないんじゃないかって。ところが、勇気を持ってお願いしたら、快く引き受けてくれました。そこから少しずつ、つながりが広がっていきましたね」

指導者としての経験は決して多くない。しかし、素人でも指導はできるというのが小林監督の考え方だ。

「自分がバレーボールをやっていたという経験より、今、指導をしながら覚えたことのほうがすごく役に立ちます。だから、バレーボールの経験がなくても、指導はできる。僕らも、強豪チームがやっているようなことは知らないわけですから。でも、他のチームの練習を見て学んだら、そのほうが何倍も指導に生きると思います」

辿り着いたのは、子ども同士が会話の中で考える指導法。

「こんな感じのことをしなさいみたいな宿題だけ与えて、それを工夫しながらやらせてみるんです。それと並行して、できなかったこと、これを練習しなさいという基本的な反復練習に取り組む。その両方を併用しています」

仲間を集め、子どもの心をつかみ、そして、チームの底上げを図る。

ゼロからスタートした上黒瀬JVCは、燃え盛る〝闘志〟に薪をくべ続けた小林監督の努力によって、全国にその名を轟かせる存在にまで成長した。

徹底した反復練習で技術を上げる

「ボールを落とさずに1000本、パスを続けなさい」

1000本――。

初めて聞けば、その数の多さに驚くかもしれない。しかし、選手たちは顔色一つ変えず、「ハイ」と返事をするとすぐにコートに戻ってボールを打ちはじめる。そして、延々と繰り返されるパス。数を読み上げる声。シューズで鳴らす床の音が小刻みに響き、次第に熱気を帯びる。練習には一貫して迫力があった。

「最初の頃は、その数字を聞くだけで子どもたちも『ええーー』って言っていましたよ。やったことがないから、子どもたちなりに『無茶なことを言っている』と感じたのでしょう。だけど、実際にやったら15分くらいなんですよ。いいリズムでパスを続けたら。だから、『15分で終わるけ、やりんさい』と言ったら『ほんまですね』って返ってくる。何でもそうですが、実際にやってみたらわかることもあるんです」

2020年現在、メンバーは6年生1人（男子）、5年生4人、4年生3人、2年生1人（男子）の計9人。6対6の練習ゲームはできない。しかし、人数が少ない分、工夫を凝らしながら効率よく練習を進めている。

選手たちが身につけた美しいフォームも、そうした反復練習によって磨かれたものだ。

こんな練習もある。

二組に分かれて短い距離で向き合い、移動しながら速く正確なパスを出す。設定は、1分間で120回。0・5秒に1回と考えれば時間内に終わらせることができる。

しかし、これがなかなか難しい。

「1本でもパスをはね上げてしまうと、1分では終わりません。2人で止まった状態だとできるんです。でも、ランニングしながらやるので、集中力が続かないとつながらない。大事なのは、速くて、正確なパスを出すこと。速過ぎたら相手がミスをするし、放り投げても時間内に終わらない。リズムよくトントンと出す感じです」

途中でボールを落としたり、時間内に終わらなければ、1からやり直し。100回を過ぎてミスをすれば、「あああーっ」とため息が漏れることもある。選手と監督の根比べだ。

上黒瀬JVCの一日は、徹底した反復練習によって占められている。

例えば、スパイク練習は次の通り。

・レフトからクロスとストレート　各15本（ミスをしたら1からやり直し）
・ライトからクロスとストレート　各15本（ミスをしたら1からやり直し）
・レフトから斜めに切り込んでストレートとターン　各30本（ミスをしてもやり直しはなし）
・ライトから斜めに切り込んでストレートとターン　各30本（ミスをしてもやり直しはなし）

・真後ろからの二段スパイク　30本（ミスをしてもやり直しはなし）
・ダイレクトスパイク　30本（ミスをしてもやり直しはなし）

日本一をつかむ上で大きな武器となったサーブも、その根元は反復練習にある。

・真っ直ぐ　50本
・斜め　50本
・反対の斜め　50本
・前に落とす　20本
・ジャンプサーブ　30本

条件は、
・緩いサーブを入れたら1からやり直し
・合計200本のサーブを30分以内にこなす

集中を維持するのも大変だ。しかし、取材があったこの日も、わずか数分の誤差がありながら、およそ30分で全員が200本のサーブを打ち終えた。

「しんどいと思います。フルパワーで打たないといけないから。だけど、集中力が持続しないと、プレーも続かない。体が覚えるまで、しつこく反復させることが重要です」

ただし、悪いクセがつきそうだと思ったら「やめたほうがいい」と小林監督は言う。

「子どもたちの中で、いい習慣と悪いクセを整理するのは難しい。やめろと言われても、本当にやめていいのか。それとも続けないといけないのか。そこの見極めが重要です。悪いクセが身についてしまいますから」

フォームにもこだわりを見せる。

「例えば、サーブを打つときの左足の踏み込む位置、あるいは肘の角度、それからボールをヒットする位置、そういうところにこだわっています。それができている子は、フォームがきれいで上手に見える。ボールにちゃんと力が伝わっているし、威力も出るし、変化もする。少しずつ修正していきながら、そういう理想的なフォームに持っていきます」

今や誰もが持っているスマートフォンも活用する。成功例と失敗例の写真を撮り、アプリで加工して2枚を並べて見比べるのだ。そして、例えばフローターサーブを打つときに肘が下がっていれば、写真を見せて「これだけ下がっているんだよ」と理解させる。正しいフォームでサーブを打っている選手の写真も撮り、「ほら、これだけ違うでしょう」と見比べれば一目瞭然だ。

1分間ランニングパス

1

2

移動しながら対人パスを繰り返す。レシーブしたら反対側の列に並ぶ。条件は1分間で120回。ボールを落としたり、時間内に終わらなければ1からやり直し。1本でもボールをはね上げると、時間をロスするため1分で終えるのは難しくなる。ポイントは、速くて正確なパスを出すこと。パスはアンダーハンドでも、オーバーハンドでもよい

練習動画

サーブレシーブ

左右にコーンを置き、隣の人との距離感を図る。ボールを出す人は、ネットから無回転気味のボールをできるだけ狙った位置に打つ。レシーバーはボールをできるだけカゴに入れる。縁に当ててもOK。ミスなしで3本連続、あるいはミスありで10本決めたら交代

練習動画

「スロー動画を撮って、『ここがこうなっとるじゃろう』って説明することもありますね。そうすると、ようやく自分がどうなっているかがわかるので、結構スマホは活用しています」

効率よく練習を進めるために、逆転の発想を取り入れることもある。

サーブレシーブの練習をするときは、ボールを受ける選手が順番に交代するのが一般的だ。

それに対して、上黒瀬JVCの練習は、ボールを出す選手が交代する。

「サーブを打った子が、そのままボールを拾いにいきます。そうすることで、レシーバーは決められた数を続けて練習できる。通常は、1人がボールを出して、レシーバーが並びますよね。だけど、並んでいる時間がもったいない。そう思って、この練習を取り入れました」

レシーブを1回ごとに交代すると、次の順番が回ってくるまでに、さっき言われたことを忘れてしまうこともある。「そういう無駄な時間が嫌い」と小林監督。狙ったところにボールを打てるようになるなど、サーブの練習にも効果的だ。

散漫なときはチームを〝落とす〟

「それが難しいですよね」

短く刈り込んだ頭をかきながら、小林監督が切り出した。

――どうやって子どものモチベーションを上げたらいいですか？

そう尋ねたときだ。

「言い過ぎてもダメだし、ほったらかしにし過ぎてもダメ。うちでは、目標にしている大会の日程が決まったら、ちょっと前から上げていくこともあるし、一旦落とすこともあります。上がりっぱなしということは絶対にありませんから。

そうやって子どもたちをコントロールしながら、目標の試合で100パーセント以上の力を出させるのが理想的ですね」

日本一になったときがまさにそうだった。

「あのときのうちは100パーセントではありません。子どもたちは、それ以上の力を出してくれました。神がかっていましたから。魔物を味方にしたようなところもありましたよ」

だが、そこに至るまでの道のりは、決して楽ではなかった。

チームに激震が走ったのは、県大会の1週間前のこと。エースの岡さんが捻挫。「骨が折れたかと思った」（小林監督）ほどの大怪我だった。

回復の様子を見ながら出場したものの、県大会の1日目はほとんどコートの真ん中に立っているだけ。何しろ、足を前に踏み出せない。ジャンプもできず、たまに飛んできたボールをレシーブするだけだった。2日目も本来のキレにはほど遠かった。

このチームのピンチに奮起したのが、岡さんを除く6年生の3人だった。特にチーム最長身の沖廣さんの目の色が変わった。

「一度、真剣に説教をしたことがあるんです。普段から『やっておきなさい』と言っていたことをやっていなかった。だからスパイクも打てていませんでした。そこに岡の怪我があり、攻撃力が一気に落ちた。『今、こうなったときにわかるだろう』と説き聞かせました」

小林監督の言葉が胸に響いた。沖廣さんの意識が変わり、練習に取り組む姿勢も前向きになった。

「『私はブロックさえしておけば、あとは（岡）日和ちゃんが決めてくれる』という甘い考えから、自分もやらないといけないという意識に変わったのでしょう。全国大会の切符は、あの子の活躍で勝ち取ったようなものです」

上がり下がりが激しい子どもたちの心に正面から向き合ってきた。時期によっては、わざと試合に負けさせることもあるという。

大人に叱られると、固まって何もできなくなる子どもは多い。むしろ、ほとんどがそうだ。プレーが切れるたびにベンチを見て、監督に答えを求めてくる。そうなると相手ではなくベンチと試合をしているようになり、集中力が散漫して何もわからなくなった結果、試合にも負ける。

そんなとき、小林監督はわざと選手を迷わせたり、突き放したりする。

「要するに、その日は子どもたちに考えさせる日にするんです。割とできていたことでも、悪かった一点を見つけてあえてそのことだけを言うときもあります。でも、自分は何が悪かったのかわからない。大事なのは、そこに気づかせることです」

こういう状態にすることを、チーム内では〝落とす〟と言っている。

すぐに回答は出さない。一晩、考えさせる。

「本当は、そんなことをしないで、ずっと子どもたちを乗せられるといいんですけどね。なかなかうまくいかない。そのまま放っておくと、大事なときに立て直せなくなりますから」

上黒瀬JVCの子どもたちは、周りのチームから「メンタルが強い」と言われるそうだ。

劣勢に立たされたとき、アクシデントが起きたとき、どんな逆境に立たされても決して慌てずに行動する。そうしたたくましさは、考える力を育む小林監督の指導方針が導き出したものだろう。

そして、小林監督が「ここはこうして」と細かい指示を出しはじめると、チームは凄まじい力を発揮する。

「そういうときは、思い通りにいきますよ。ブロックでも狙って、みんなが指示したところにサーブを徹底する。相手が下がり出したら、『これは勝ったな』って思います。全員に『今日はこれでいいんだ』という安心感が生まれるのでしょう」

きれいにボールが流れたときの気持ち良さ。思い通りのところにボールが行き、思い通りのところにパスが出る。あとはそこに跳んで腕を振るだけ。全国大会の決勝も、コートの周りにいたギャラリーが沸いていた。

「知らない人まで『おおーーっ』と言ってくれたら気持ちいいですよね」

しかも、それを小さいチームがやっている。上黒瀬ＪＶＣのバレーボールが見る人を魅了する理由が、そこにはあった。

保護者の協力で試合を想定した練習をする

小林監督は、バレーボール以外のことでも子どもたちの面倒を見るという。例えば、夏休みの宿題。

「7月中に宿題を済ませておかないと、合宿に連れて行かないと言うんです。そうしたら、7月最後の練習に来たら、宿題が全部積み重ねられていた。それを全部見ましたよ。中には貯金箱が置いてあってね。そう。自由工作です。『これは便利だな』って言ったことを覚えています」

私生活がプレーにも表れると思っている。

「挨拶、返事、お礼、これが言えなかったらすごく叱ります。やっぱり、社会に出て通用する立派な子にしておきたいじゃないですか。そこら辺が少しデタラメな時代になっている。保護者の方にも一回、言ったことがあるんです。ポケットに手を突っ込んで歩いていたから、『周りからどんな目で見られるかわからないから気をつけなさい』って。それから、あれも注意しました。試合が始まる前に審判がピーッと笛を吹いたら、応援団も選手と一緒に『お願いします』と礼をしなさいって」

小学5年生（取材時）の打川結愛さんは、

「バレーだけじゃなくて、挨拶なども教えてもらっています」

と、笑顔を見せる。ポジションはセッター。「ツーアタックや速攻が決まったときが嬉しい」と話し、優勝メンバーだった姉の結衣さんに追いつくことが今の目標だ。

徳長コーチは「強いチームは保護者が一つにまとまっている」と言う。

県大会の最終日に進出することが決まった翌日、上黒瀬小の体育館にはメガホンを持った保護者や卒団生が集まってくる。全ての窓を閉め、そこで実際の試合を想定した応援の練習をするのだ。大きな声が小さな体育館に響き、顔と顔を近づけても隣の人との会話は聞き取れない。

その中で、選手たちはサーブレシーブをする。本番で雰囲気に飲まれないようにするためだ。

「県大会も2日目になると、異様な雰囲気になるんです。準決勝や決勝の会場が、ウワーってなる。何も知らない子は、舞い上がったまま終わってしまいますよ。だから、それを想定した練習を最初からやっておき、心の準備をさせます」

戦いの舞台が大きくなればなるほど、保護者の存在は欠かせない。

取材があったこの日もそうだ。午後になると、ポツポツと父兄が集まってきた。はじめは舞台から練習を眺めているだけだったのが、徐々に体を動かしコートに入って行く。すると、選手6人と父兄4人によるゲームがはじまった。もちろん、大人がちょっと背を伸ばせばネットの上から手が出せる。スパイクも本気で打てば子どもたちは反応さえできないだろう。少しだけ手加減しつつ、それでも真剣勝負が繰り広げられる。子どもたちも負けられない。

父兄の中に6年生の男子が一人、混じっていた。公式戦には出られないが、練習の相手になってくれる頼もしい存在だ。「とてもありがたい」と小林監督も謝意を表する。

「父兄がいないときは、彼が一人で6人を相手にしてくれます。例えば、実戦形式の練習をしたいとき。彼がサーブを打ち、そのまま別のボールを持ってネットの近くまで走る。こっちがサーブレシーブをして攻撃まで行ったら、持っていたボールをアタックする。いわば、6対1での練習ゲームですね。人数が少ないから6対6はできないけど、彼が一人で6人を相手にしてくれます」

2020年、新型コロナウイルスの影響で、岐阜県で開催される予定だった全国スポー

対人ランニングパス

1

2

3

①レシーブ、②トス、③スパイクの流れを作る練習。1本目のレシーブがきれいに上がって、すぐに打てるタイミングだったら、2本目はトスではなくスパイクにしてもよい。打つ側からすればツーアタックを打つ練習になり、次の選手にとってはダイレクトスパイクを拾う練習になる。上黒瀬JVCでは①②③を続けて1本とし、それを落とさずに30本続ける。ボールを打ったら反対側の列に並び、連続して行う

練習動画

視野を確保しながら対人パス

②ロングパス

①近い距離

2人が向き合った状態で、コートの端から端まで横に移動しながら、パスを繰り返す。大事なのは、周りをよく見て、声をかけ合いながらパスをすること。どこにボールを出せば相手がコントロールしやすいかを考えながら移動する。ネットをくぐるときは腰を落とし、相手と呼吸を合わせる。①近い距離でコートを3周。②ロングパスで3周。他の組がボールを落としたら、全てのペアがやり直し

練習動画

ツ少年団バレーボール交流大会が中止になった。県大会を勝ち抜き、初めての出場を決めていた上黒瀬JVCにとってもショックは小さくなかった。

「ある程度は覚悟していたけど残念ですね。子どもたちも僕と同じ気持ちだったと思います」

ゆっくりと、しかし確実にチームは前に進んでいる。

「もう一回、全国に行きたいですね。優勝したときの大会は、もともとベスト8が目標だったんです。2日目を突破したときに『お前ら、よくやった。すごいね』って言って電車に乗って宿舎まで帰ってきました。ところが、まさかまさか。『どこと当たっても相手は強いから、一生懸命楽しんで帰ろうや』と言っていたら優勝することができました。だから、本当にたまたま。今度は（全国で）実力で勝ちたいです」

その願いが叶う日も、そう遠い未来ではなさそうだ。小林監督の言葉には、そう感じさせる自信と迫力がみなぎっていた。

東風JVC

楢崎和也監督

「"勝ち"から"価値"を見出す」

積極的に声を出してコミュニケーション能力の高い子どもを育てる

悠久の街、糸島市に存在する東風小学校。そこからYouTubeを通して、世界中にユニークな練習メニューを発信し続けているのが東風JVCだ。子どもたちの笑顔は明るく、元気な声は絶えることがない。率いる楢崎監督は、いかにして子どもたちのやる気を引き出し、楽しみながら練習に取り組んでいるのか。チームの目標は「全国制覇」。強豪チームに導いた楢崎監督の育成メソッドと、子どもたちの高いコミュニケーション能力の秘訣に迫る。

ならざき・かずや　1977年2月28日生まれ、福岡県出身。糸島市の深江ジュニアフレンズで6年間、福岡市の石丸ミッキーズで2年間コーチを務め、東風小学校が開校した2006年頃に東風JVCの監督に就任。以来、男子チームの「東風カブト」、男女混合チームの「東風BRC」を全国大会に導く。2019年には女子チームの「東風ハッピー」が福岡県スポーツ少年団交流大会で優勝を果たした。

楢崎和也監督のコミュニケーション力とは？

一

ユニークな練習で子どものやる気を引き出す

東風ＪＶＣには「やってみたい」「面白い」練習が盛り沢山。子どもの競争心を煽り、なおかつスキルアップにつながる練習を、ＳＮＳを通して発信し続けた。新型コロナによる自粛期間中も、自宅でできる簡単な練習で楽しみながら体を動かした。

二

コミュニケーションに笑いを取り入れる

楢崎監督が大切にしているのは、声を出すこと。つまり、コミュニケーションだ。上級生が下級生に教えれば、それだけで成長スピードもアップする。わからないことも、学び直そうとするだろう。会話に笑いを入れて、コミュニケーションを円滑にするのがコツ。

三

〝勝ち〟から〝価値〟を見出す

勝利を至上するのではなく、大事なのは目標を設定すること。全員が心を一つにして試合に向かえば、信じられない力を発揮することができる。チームの目標は「全国制覇」。身につけた自信は、勝ったからこそ得られる成果に他ならない。

四

「＋1」の行動をする

例えば、2人1組でキャッチボールをするときは、ただボールを投げるだけでなく、受けるときにブロックの形を作るなど、必ず「＋1」の要素をつけ加える。当たり前の練習だけでは上達しない。短い時間の中で、できるだけ効率的に練習を進める。

五

習慣的に声を出す

誰かの足元にボールが転がっていたら、踏んで捻挫をしないように「危ない！」と大声で呼びかける。自分の身を守るために、声を出す習慣を身につけておくことが重要だ。バレーボールにおいて、チームが結束するために声を出すことは欠かせない。

練習メニューをネット配信

〈はいどうも、ハピ監です〉

ハスキーボイスが耳に残る。SNSのおすすめページに突如現れたその動画。興味本位で覗いてみると、なるほど、確かに面白い。見たこともないユニークな練習の数々に、「いいよ!」「そう!」「できたね!」とポジティブな合いの手。一瞬で心をわしづかみにされた。

声の主は、東風ジュニアバレーボールクラブ（JVC）の楢崎和也監督だ。

福岡県の最西部に位置する糸島市。数多くの古代遺跡が点在する悠久の街に、舞台となる東風小学校がある。東風と書いて「はるかぜ」。2006年の開校ときを同じくして、小学生の女子バレーボールクラブ「東風ハッピー」が誕生した。

以来、男子チームの「東風カブト」が福岡県代表として、2012年の第32回全日本バレーボール小学生大会に出場。その5年後には、男女混合チームの「東風JVC」が全国大会の切符を勝ち取った。その後、全国ベスト16で終わった悔しさから、男女混合チームを「東風BRC」に改名。「ビートル（男子／Beetle）とラビット（女子／Rabbit）でチャンピオン(Champion)になるぞ!」と、男女それぞれのチームマスコットの頭文字に思いを乗せた。

動画が広く拡散されたのは2020年春。新型コロナウイルスの影響で国内のあらゆるスポーツ活動が停止した頃だ。そんな中、自宅でもできる練習メニューがYouTubeで配信された。

例えば、こんな練習がある（次のページ参照）。

●紙飛行機で上サーのフォーム作り
●コップを使って打ちわけを身に着けよう
●シューズが手首に魔法をかける

近隣への配慮からか、練習メニューのほとんどが静かに行えるもの。ボールを壁や床に打ちつける必要がないので、マンションの隣や階下に響かない。紙飛行機を的に当てる練習で子どもの競争心を煽り、なおかつバレーボールのスキルも自然と上がる。どれも一石が二鳥にも、三鳥にもなる練習ばかりだ。

緊急事態宣言が解除されると、広場でできるメニューも追加された。

●堤防の階段を利用した練習【東風名物「階段レシーブ」】
●側溝をまたいでレシーブ。【基礎が命「溝またぎレシーブ」】
●坂道を利用して下半身を強化【軽～い坂道「駆けあがれ」】

タイトルを見ただけで「おやっ？」と思わず二度見してしまうものばかり。

「新型コロナウイルスの影響は大きかったですね。今まで体育館が使えないことなんて、一度もなかったですから。そこで何を思ったかというと、『（練習ができなくなり）子どもたちが困るな』ということ。教えてきた練習ができなくなるわけですから。そこで、子どもたちの体力が落ちないように、また、バレーボールができないことで気落ちしないように、練習メニューを考えて掲載するようになりました。本格的に更新するようになったのは、その頃からです」

そう語るハピ監こと楢崎監督。そもそも動画自体は、2012年ごろからFacebookで公開していたという。もっともそれは部員の勧誘が主な目的だった。

こうして練習メニューを公開すると、各所から反応が返ってくる。

「他のチームの監督から『助かります』というコメントが来ました。練習メニューは子どもたちが遊んでいる様子を見てヒントを得たり、自分が小学生の頃を思い出しながら考え

紙飛行機で上サーのフォーム作り

的を描いた紙を壁に貼り、片ヒザ立ちの姿勢から紙飛行機を投げる。オーバーハンドサーブ(上サー)のフォーム作りの練習。慣れてきたら、紙飛行機の代わりにビニールボールを使って同じ動作を繰り返す

練習動画

コップを使って打ちわけを身に付けよう

相手のブロックをかわしてスパイクを打つ練習。ボールとコップを用意する。左手(利き腕が右手の場合)は、腕を伸ばした状態でボールを下から持つ。右手でコップを持って、ボールにアタックする。左方向に打ちたいときは、コップの口を下にして持ち、ボールに被せる(親指が内側に向いた状態でアタック)。右方向に打ちたいときは、逆にコップの口を上にして持ち、ボールに被せる(親指が外側に向いた状態でアタック)

練習動画

シューズが手首に魔法をかける

シューズを使って、スパイクを打つ際の手首の使い方を練習する。はじめに真ん中の指3本(人差し指、中指、薬指)でシューズの履き口のかかとを持ち、外側から親指と小指で挟むようにする。しっかりと腕を伸ばし、手首の返しを使って、靴のソールでスパイクを打つ。ビニールボールを使うと騒音も少ない

練習動画

基礎が命
「溝またぎレシーブ」

側溝をまたいで
レシーブ

練習動画

東風名物
「階段レシーブ」

堤防の階段を
利用した練習

練習動画

全身を使って
天井に飛ばせ!

全身を大きく使って
真上に大きくパス

練習動画

軽〜い坂道
「駆けあがれ」

坂道を利用して
下半身を強化

練習動画

たものです。子どもたちが楽しみながら体を動かせるようになればいいなと思いました」

大仰に言うなら、2014年に開設された「はるかぜハピ監チャンネル」はインターネットに乗って関門海峡を渡り、日本列島を駆け抜けた。

その後もコンスタントに更新され、視聴回数は1本につき2000回超え。中には1万回も再生されている動画がある。自粛期間が長くなるにつれて練習メニューを公開するチームは増えたが、東風JVCは紛れもなくそのトップランナーと言えよう。

円滑なコミュニケーションを取る

東風JVCの練習を見ていると、とにかく子ども同士の会話が多い。その光景を見て驚く指導者も少なくないという。

上級生チーム対3年生チームで練習試合をしているときもそう。当然、上級生チームが優位に試合を進める。3年生チームの一人が、レシーブを外に弾き失点。すると、同じチームの誰かが必ずその選手に歩み寄って声をかける。

「今のはこうやってレシーブするんだよ」

「手の形はこうしたほうがいいよ」

と、プレーが切れるたびに顔を寄せて話すのだ。そして、聞く側もその言葉にちゃんと耳を傾ける。

こうしたコミュニケーションは、同じ学年だからできるというわけではない。上級生が下級生に教えている姿は、東風ＪＶＣにとって日常の光景だ。他の人に教えることで、上級生も今まで気づかなかったポイントに気づく。

「下級生に教えることで、上級生にはおさらいをしてほしいんです。『他の誰かに教えないといけない』と思ったら、自分が理解していないといけないし、わからないことだったら学び直そうと思うでしょう。誰が教えるかによって、教わる子の成長スピードも違ってきます」

こう話す楢崎監督。

声を出すこと——、つまり、コミュニケーションが東風ＪＶＣの根幹にある。

もちろん、指導者と子どもたちのコミュニケーションも円滑だ。

コツは、笑いを取り入れること。

「子どもたちを練習に対して前向きに取り組ませるには、厳しくするだけではダメ。わざとちょっかいを出して、笑いを取る。子どもたちは笑いながらでも実はすごく集中しているんです」

はるかぜハピ監チャンネルに【全身を使って天井に飛ばせ！】というメニューがある。検索欄に〈ハピ監　天井〉と入れたらすぐにヒットするはずだ。

文字通り、ワンバウンドして落ちてきたボールを全身で真上に飛ばし、オーバーパスで天井に当てる。コーチが手本を見せるが、中学生でも7メートル近い天井にはなかなかボールが届かない。小学生ならなおさら。細かい技術はあとから学ぶとして、体の使い方を知るのがこの練習の主旨だ。とにかく体を深く落とし、思い切りジャンプして伸び上がる。

はじめは淡々と練習が進んでいた。すると、一人が力のないボールを上げる。間髪入れず、楢崎監督が言葉を挟んだ。

「お前、天丼って聞こえたぞ！」

〝天井〟ではなく〝天丼〟。叱責ではなく笑いで空気を変える。そろそろ夕食どきか。体育館に笑いが響いた。

「言ってません！」

その一言で、子どもたちのやる気にまたスイッチが入った。

〝勝ち〟から〝価値〟を見出す

勝つことに徹するのが楢崎監督の流儀である。

勝つことを絶対的な判断基準にしているわけではない。勝利を至上するのではなく、大事なのは目標を設定すること。チーム全員が心を一つにして試合に向かえば、勝ち負けに関わらず得ることはたくさんある。

楢崎監督にとって、忘れられない試合がある。

2019年の末に行われた福岡県スポーツ少年団交流大会。女子チームの東風ハッピーが、これまで勝ったことない強豪に勝って全国大会出場を決めた。

勝った要因を挙げれば枚挙にいとまがない。

相手のスパイクをことごとく拾った。フライングレシーブ、いわゆるパンケーキも披露。粘り強くボールを繋ぎ、得点に結びつけた。一球に対する集中力で上回り、守備で相手をしのいだ。

驚くべきは、選手たちの修正能力の高さだ。例え試合の中でミスが出ても、監督の顔を見ることなく、子どもたちが自らコートの中で解決する。「負ける気がしなかった」とある選手は言った。選手一人ひとりが「負けたくない」と呟いていたという。控え選手はアップゾーンを走り回り、声を枯らしてチームの背中を押した。

当時の6年生で、キャプテンとしてコートに立っていた尾崎愛梨さんがその試合を振り返る。

「全員が盛り上がっていました。監督に言われなくても、相手にプレッシャーをかけ続け、最後まで自分たちで考えたプレーができました」

同学年の杉浦ちひろさんも自信をのぞかせる。

「ボールを絶対に落とさなかった。監督に言われたことは……、あまり覚えていません。アハハ。でも、コートの中で「負けたくない!」って呟いていた人もいた。相手はそれまで勝ったことがないチームだったので、私も負けたくないという気持ちが強かったです」

コートの中の気持ちは外にも伝わっていた。当時小学5年生で、今のキャプテンを務める池田爽那さんはこう話す。

「『勝てるっちゃねえ?』って感じで、みんなでコートの外をめっちゃ走り回っていました。試合に出られなくて悔しかったけど、見ているだけで楽しかった。先輩が活躍していたから、めっちゃうれしかったです」

楢崎監督が回顧する。

「練習試合をやっても、17点しか取ったことがないような相手でした。何回やっても、1回も勝てなかった。だから、朝の時点で、子どもたちには『挑戦しようや』とだけ伝えました。ところが、メンバーに入っていたうちの長女（当時、小学6年）が、試合がはじまったら言うんです。『絶対、負けんよ』って。そうしたら、あれよあれよという間に、今まで見たことがないようなプレーをみんながした。鳥肌もんですよ。この子たちだけが全国大会に行くと決めていた。あんなスイッチの入り方をしたのは、指導してきて初めてでした。ミスをしても楽しそう、点数を決めたら、なお楽しい。そして、一番手を焼いてきたセッターも……」

世話の焼けるセッターがいた。その子の母親から送られてきた一通の写メ。トイレットペーパーの芯に「監督、見ててください。私たちが必ず全国に連れていきます」と書かれていた。誰の目にも触れないトイレットペーパーに書かれた文字。だけど、気持ちはしっかりと伝わってきた。

「その選手もいいプレーをしてくれました。思いを爆発させたんでしょうね。みんな飛び上がって喜んでいました。あんな経験は、他にありません。まあ、頼もしかった。本当に」

21対17、21対19。今まで勝ったことがない相手にストレート勝ち。身につけた自信は、勝ったからこそ得られた成果に他ならなかった。

しかし、岐阜県で開催される予定だった全国大会は、新型コロナウイルスの影響で中止に。キャプテンの尾崎さんは、学校で中止の報を聞いた。

「ちいちゃん（杉浦ちひろ）が『（全国大会が）なくなったよ』って言ってきて……。そのあとの授業は、先生の話がまったく聞こえませんでした」

勝つ喜びを知った。と同時に、次に進めない悔しさも知った。ならば、次はどうするか。考える――。

「クラブチームで全国に行きたいと思うようになりました」

こう話す杉浦ちひろさんは、小学校を卒業するとそのまま中学生（U－14）を対象にした東風ＪＶＣの姉妹クラブ「Ｖ－ＢＦＦ（Volleyball Best Friend Forever）糸島」に入った。

「1年後にはクラブチームで全国大会に行きます。最後まで絶対にあきらめない」と胸を張った。

楢崎監督が白い歯を見せる。

レシーブの基本練習

駆け抜けレシーブ

階段を駆け抜けて、上がったところでボールをレシーブ。腕を斜め上に向けて差し出すようにするのがポイント。下りも同様に、下り切ったところでレシーブ。ボールに注意が行き過ぎると、階段を踏み外すことがあるので、視野を広げることを意識する。階段の幅を使って細かい足の運びを身につける

練習動画

階段3列レシーブ

学校の舞台の階段を使った練習。階段に手を添えたまま横に移動することで、レシーブの構えを身につける。顔を上げて、低い姿勢を取るのがポイント。腰が上がらないように、足首を使ってサイドステップをする。慣れてきたら、緩めのボールを出して実際にレシーブする

練習動画

「目標を持つことで成長のスピードが上がります。極論は、数年後には自分たちの力だけで生き抜いていけるようにすること。それが、チームが最初に掲げた目標です」

選手のTシャツには「全国制覇」の文字。見栄でも、ブラフでも、強がりでもない。勝つことに徹する、東風JVCの本気である。

「＋1」の行動をする

楢崎監督がいつも子どもたちに言っている言葉がある。

「＋（プラス）1の行動をしなさい」だ。

例えば、二人1組で向き合ってのキャッチボール。初心者にオーバーパスを教える場合、はじめはボールの投げ方から教えることが多い。楢崎監督はそこにもう一つつけ加える。ボールを受けるときに顔の前でヒジを伸ばし、ブロックをするように手のひらで形を作るのだ。キャッチボール一つとっても、ただ漫然とやることはない。全ての動作に意識を与える。

こんなやり方もある。

スパイク練習をするとき、子どもたちが並んで自分の順番が回ってくるのを待っている。小学生に限らず、中学や高校でもよく見かける光景だ。しかし、東風ＪＶＣの選手たちは、ただ待つということをしない。順番が回ってくるまで、必ず準備をしている。

前を並んでいる選手に順番が回ってきた。すると、次の番の選手は、ネットの下で腰を落としてカバーの体勢に入る。実際にボールが飛んでくるわけではないが、前の選手のスパイクがブロックされたところを想定して、しっかりと構えるのだ。

レシーブの練習も同じ。監督の球出しを待っている2番目以降の選手は、自分の順番でなくとも監督が出すボールの軌道に合わせて体を動かしている。腕はレシーブの形。「エアレシーブ」をすることで、自分の順番が回ってきたとき、スムーズに対応できる。

東風ＪＶＣの練習は、ただの反復に収まらない。イメージしているからミスが少なく、練習のリズムもいい。

「ナンデ、デキナインダ――」

世の中にはこう怒鳴り散らす指導者が多い。「何をやってるんだ！」と指導者より声を荒げる保護者もいる。

楢崎監督は違う。

「僕も言いますよ。『何で、できないんだ!』って。だけど、その後、必ず＋1の言葉をつけ加えます。『何で、できんと? さっきやったあの練習やろ』と。すると、子どもたちも『ああ、そうか』と納得します」

何も教わっていないから、「何で、できないんだ!」と言われると、そこで思考が停止してしまう。どうすればいいか分からないから、混乱もする。大事なのは、子どもたちに気づきを促す声がけをし、考える力を養うこと。

「何で、できない」ではなく「どうしたらいいと思う?」と問いかけるのも一つの方法だろう。指導者はまず、「できて当たり前」という考え方を切り離さなければいけない。

楢崎監督は、気持ちを強くさせるために、意図的に子どもたちから離れることもある。

「わざと体育館から出て、子どもたちから離れるようにしています。そうしたら、自分たちで考えるようになりますから。考える癖がつく。子どもたちにちゃんと教えていたら、例え監督がその場から離れても、一つひとつのプレーに対して自分たちで声がけしながら、ちゃんとやるものですよ」

その言葉通り、体育館の外で楢崎監督にインタビューをしている最中も、子どもたちの声が体育館の中から終始聞こえてきた。カーテンの隙間から、子どもたちだけで話し合い

オーバーパスの初歩の初歩

体を前後にユラユラ揺らし、ボールを持った状態からヒジを伸ばして相手の顔の前へパス。しっかり前に体重をかけ、親指、人差し指、中指の3本を意識するのがコツ。ヒジを絞り、上目遣いでボールを見るとコントロールが安定する。ボールを受けるときは顔の前でヒジを伸ばし、ブロックの形を作る。「押し投げ(後ろから前に体重をかけて投げる)」「引き投げ(前から後ろに体重をかけて投げる)」「ワンバウンドで押し投げ」の3パターンを行い、慣れてきたら実際にオーバーパスをするなど、いろいろなパターンを取り入れてもよい

練習動画

ながらプレーしている様子も伺える。指導者がいないからといって手を抜く選手は一人もいない。

楢崎監督の「＋1」には、時間のロスをできるだけ省略したいという考えもある。中学で練習できる期間は実質2年半。小学生でも、5年生から始めたら2年しかない。当たり前の練習だけをしていても、短期間でスキルは上がらないだろう。自分で考えた「＋1」の行動をつけていくことが重要だ。

褒めて自信を与える

楢崎監督は子どもたちをよく褒める。

試合だけではない。練習中も選手がいいプレーをしたときは「お前、それすごいね！」とオーバーリアクションで褒める。

すると、その子の脳が「あれもできるんじゃないか」「もっとできるんじゃないか」と別のできることを探し出すという。神経はつながっていて、できることがどんどん増えていくという楢崎理論だ。

日常生活でも褒めることを大切にしている。例えば、家でお手伝いができる、学校を一度も休んだことがない。さりげない行動を褒めることで、子どもは自分で長所を見つけ、それに対する自信を持ち、自分を認めていくようになる。

東風JVCの選手たちは、バレーボールに向かう意欲がとにかく凄まじい。

取材の日は朝から練習だった。12時になり、いったんお昼休憩になった。すると、顔いっぱいに汗をかいた子どもが一人、楢崎監督の元に寄ってきた。

「監督！　サーブ100本打っていいですか？」

「今から？」

「はい！」

「うん、いいよ。でも100本はやりすぎだから50本にしておきな」

「はい！」

強制することはない。昼はちゃんとした食事を摂り、体力を回復させることが楢崎監督の方針だ。20分程度の昼寝の時間も設け、午後からの練習にしっかりと備える。

それでも、遊びたい盛りの子どもたち。1時間もすると、自然と鬼ごっこがはじまっていた。

午後からは近くのバレーボールチームが集まってきて、即席で練習試合がはじまった。

夕方の6時には全ての練習が終了。清掃を終え、体育館の灯が落とされる。まだ、子どもたちの意欲は尽きない。6年生の池田爽那さんが言う。

「練習は楽しいです。きれいにボールを上げられたとき、監督に褒められたとき、できなかったことができるようになったとき。最近は、ブロックで相手のスパイクを止められるようになりました。卒業しても、東風ＪＶＣで習ったことを生かしたいです」

隣で話を聞いていたのは、池田爽那さんの姉で中学2年の春花さん。2年前まで東風ＪＶＣに所属し、卒業後は地元の中学のバレーボール部に籍を置く。その傍ら、Ｖ－ＢＦＦ糸島でも活動しており、この日の午後は東風小学校で行われていた練習に途中参加。他の小学生チームを相手に練習試合を何セットもこなしていた。

午前中は中学の部活で汗を流していたというのに、「まだまだやり足りない」と疲れた顔を微塵も見せない。「バレーボールが楽しい」と目を輝かせるのだ。

その表情に外連味はない。そこにスポーツの醍醐味と、育成の意義があるのではないだろうか。

フラフープサーブ

リズムを養おう

小さめのフラフープを床に前後に並べ、サーブを打つときの重心移動や足の運びを身につける。はじめはエンドラインから練習し、サーブが相手のコートに入るようになってきたら、「〇本決まったら、フラフープを一つずつずらす」などのルールを決め、リレー形式にすると盛り上がる

練習動画

重心移動を養う

両手でフラフープを下から持ち、半身になる。「1」前の足に重心を乗せ→「2」後ろの足に重心をかける→「3」再び前の足に重心移動。同時に、体の回転を使ってフラフープを遠くに投げる。「1・2・3」と大きな声を出して、重心移動のタイミングを図る。投げるときは、(右利きの場合)右手よりも引く側の左手を意識して投げ、右手でフォローする。力が弱い低学年の練習にも効果的だ

練習動画

声出しを習慣づける

楢崎監督の声が険を帯びるのは、子どもたちの一つの行動パターンに沿う。怪我のリスクを伴うときだ。

例えば、レシーブの延長線上に、プレーに関与しない他の子どもが突っ立っているとき。あるいは、誰かの足元にボールが転がってきたとき。そんなとき、楢崎監督はすぐにボールを出す手を止める。そして、子どもたちの顔をじっと見る。誰も身動きせず、時間だけが経過していく。

5秒、10秒、20秒……。

「自分たちで話をしなさい」

沈黙を打ち破るように、楢崎監督が言う。キャプテンを中心に輪ができると、せきを切ったように子どもたちだけで話し出す。やがて輪が解けると「◯◯ができていませんでした」と楢崎監督に説明する。時計の針が再び動き出す瞬間だ。

「声を出すことは自分を守ることにつながる」

どういうことか。

もし、夜道を歩いているときに不審者が現れて、連れ去られそうになったらどうするか。普段から声を出しておかないと、とっさに叫びたくても大きな声は出せない。だからこそ、自分の身を守るために声を出す習慣を身につけておく。

特に狭いコートでプレーするバレーボールは、他の選手とぶつかって怪我をしたり、転がってきたボールを踏んで捻挫をしたりするリスクがある。ラグビーやサッカーに比べてコンタクトは少ないが、練習や試合の中でヒヤッとする場面は多い。そのため、危険を察知したときは、「危ない！」「ボール！」と大きな声で呼びかけることが鉄則だ。

おかげで、日常的に声を出している東風ＪＶＣでは、チーム結成から15年近く、大きな怪我は一度もない。

もちろん、他の選手がいいプレーをしたときは「ナイスプレー！」と称賛し、ミスした選手がいたら「次！　集中！」と励ましの声をかける。バレーボールにおいて、チームが結束するために声を出すことは欠かせない。だから楢崎監督はいつも、声の大切さを伝えている。

子どもたちに人気の【ホームランサーブ】という練習がある。出されたボールを力一杯打ち返す練習だ。コートの反対側の2階席にボールが届けばホームラン。誰かが成功したら、周りで見ている他の選手も一緒に大喜びする。それがルール。競争心が生まれ、実に楽しそうだ。

ある高校生の練習を見に行ったときに着想を得たと樽崎監督。

「8年くらい前かな。春高バレーの優勝経験もある東福岡高校の練習を見学に行ったことがあるんです。きつい練習をしているのに、選手たちはすごく楽しそうだった。成功したら、ワーっとジャンプして喜んでね。喜ぶ練習は自分たちもしていたけど、やってきたことに間違いはなかったと確信することができました。ほら、こんなに強いチームも、喜ぶ練習をしてるやん、って」

練習の難度は段階的に上げていく。できないことは要求しない。

子どもの健康管理にも気を配っている。例えば、水の飲み方。

「20分に一度は必ず飲ませています。僕が『飲みなさい』と言わなくても、『水を飲みたいときは自由に飲む』ようにしている。それも決まりがあって、バレーボールのタイムアウトは30秒しかありません。25秒で笛を吹かれます。だから、自分で（25秒の感覚を）判断

ホームランサーブ

ワンバウンドさせたボールをアンダーハンドもしくはサイドハンドで強く振り抜く。まずは自分でボールを上げず、前から投げてもらったボールを打つことで、サーブで大事な「リズム」と「タイミング」を覚える。反対側の2階席までボールが届いたらホームラン。みんなで喜ぼう。できるようになったら、ノーバウンドでもチャレンジする

練習動画

ワンバウンドシュート

ボールを床にワンバウンドさせて、バスケットボールのゴールに入れる。同じ位置からボールを打つことで、どれくらいの力で腕を振り抜けば、どれくらい強いボールが打てるかを体で覚える。スパイクやサーブのフォーム作りに役立つ

練習動画

して、水を飲むなら『パッと飲んで、パッと戻りなさい』と言っている。行動を早くするために、全てを試合に結びつけるようにしています。だから今まで、熱中症になった子は一人もいませんよ」

衛生面も徹底している。10月から翌年3月までの半年間は、練習以外の移動の際は必ずマスクを着用する。新型コロナウイルスの影響が出る前から、東風ＪＶＣの習慣だった。もちろんアルコール消毒も欠かさない。

子どもたちが健康にバレーボールをしている裏には、そうしたスタッフの配慮があることも忘れてはいけない。

「楽して学ぶことはなし、ただひたすら努力のみ」

東風小学校の体育館は広い。

バレーボールコートが優に二面は取れる。ふと目線を上げた少し先に、白い生地に赤の力強い文字で書かれた横断幕がある。

「楽して学ぶことはなし、ただひたすら努力のみ」

東風ＪＶＣを卒団した二期生の祖母が書いてくれたものだという。初めて全国大会に行く直前だった。言葉は、楢崎監督が考えた。

「誰もが楽なほう、楽なほうに逃げがちじゃないですか。でも、立ち向かっていかないと何も変わりません。仕事もそう。楽をして金儲けはできません。何事にもチャレンジしなさいというメッセージです。チャレンジすることによって、付加価値はどんどん生まれます」

２００６年、東風小学校の開校に伴って、バレーボールチームが新設されることになった。体育館はあった。ただ、指導者はまだ決まっていなかった。

白羽の矢が立ったのは近くの少年団、石丸ミッキーズでコーチをしていた楢崎監督だ。はじめは迷った。

「今まで教えてきた子どもたちを見捨てることにならないだろうか」

そう思ったからだ。

背中を押してくれたのは、他ならぬ石丸ミッキーズの女性監督である。

「カズ、ゼロからできるところはないよ。チャレンジしなさい」

そう背中を押され、監督を引き受けた。部員を集める用紙を自分で作り、文字通りゼロからチーム作りをはじめた。

心がけているのは、先を見ながら努力すること。この練習は自分にとってどんなプラスになるのかを考える。そうやって自分で考え、チャレンジする。それこそが努力。楢崎監督の考えだ。

東風JVCの子どもたちは「あの練習がしたい」「こんな練習もしたい」と自分たちから言ってくる。すると、まずは一回やらせてみる。「自分でプラスしなさい」と声をかけると、子どもたちは自分で考えるようになる。練習時間はどんどん長くなるが、大事なのは考える力を養うことだ。

楢崎監督が相好《そうごう》を崩す。

「子どもたちには、誰とでも話せるようになってほしいですね。人と話せさえすれば、悩みも解決できる。今の時代、引きこもって誰とも話したくないという子が多いじゃないですか。コミュニケーション能力の高い子を育てていきたい。それが本心です。だから、塞ぎ込んでいる子がいたら、こっちからちょっかいを出します。喋ることってとても大事だから」

中学2年生の鬼尾優衣さんは東風JVCに初めて体験で訪れたときこう感じた。

「みんな、スパイクをバコンバコン打っとったけん、それを見てかっこいいなと思いました」

バレーボールの練習を重ねるうちに、性格も前向きになった。

「それまでは、友達と言い合うことができませんでした。嫌なことを言われても、言い返せずにずっと負けっぱなし。だけど、バレーボールをはじめてからは、自分の気持ちをちゃんと相手に伝えることができるようになりました」

子どもたちは、東風ＪＶＣに入って「声を出すこと」を学んだ。

キャプテンの池田爽那さんの声も明るい。

「〝日本一の声を出す〟という伝統が受け継がれています。学校でも、大きく息をして鼻歌を歌ったり、友だちから『うるさい！』と言われるまでずっと声を出し続けたりする。怪我をしないように、声を出すことも大事です」

新型コロナウイルスの影響で、スポーツのほとんどがその活動を止めた。収束の見通しは一向に立たず、世の中が暗いニュースに包まれた。

だが、子どもたちの未来は明るい。その笑顔に勝るパワーはない。たとえ小さな街からでも、あるいは無名のアスリートでも、バレーボールを通して元気を届けることはできる。

糸島から全国へ——。

東風に乗って、届け、この笑顔！

元日本代表

「NPO法人I.K.O市原アカデミー」代表

大山加奈×池上 正

「目先の勝利より、選手を“認める”指導の実践を」

何のためにスポーツをするのかという「目的」を大切にしてほしい

力強いスパイクを武器に日本を代表するアタッカーとして2004年のアテネオリンピックに出場した大山加奈さん。しかし、小学生時代のオーバーユースで後遺症に苦しむなど、人知れず悩みを抱えてきた。そんな大山さんは現在、バレーボールの普及活動に携わる一方、体罰やスパルタなど育成年代の指導が抱える問題に声を上げている。今回、サッカー界における育成のスペシャリスト池上正氏との対談が実現。スポーツ界の明るい未来に向けて、残さなければいけないメッセージとは。

できなかったことができるようになる

――大山加奈さんは池上正さんの著書を、どのような流れで知ったのですか？

大山　私が2010年に現役を引退してから、子どもたちの指導に携わるようになったとき、絶対に自分の経験則だけで指導をしちゃいけないという思いがあったんです。とにかく勉強をしたい、と。いろいろ調べていく中で、池上先生の本に出会い「なんて素晴らしいんだ！」というところからはじまりました。今では全て買いそろえて、後輩にも「これ読んで！」と勧めています。

――今回の対談では、主に小学生年代の指導についてお話をうかがいたいと思います。池上さんはサッカーの指導者としてご活躍中ですが、バレーボールにはどのようなイメージをお持ちですか？

池上　私は今、大学で非常勤講師をしているのですが、一緒に働いている方の中にバレーボールの関係者がおられまして。その方がおっしゃっていたのが、例えば、二つの学校が一つの体育館を使って合宿をすると、どっちが長く体育館にいるかという競争をしていると言うんです。いまだにそんなことをしているのかと。

大山　私も小学2年からバレーボールをやっていますが、朝から夜まで丸一日練習していました。本当にやりすぎだと思います。週に6日もやっているチームもあって、子どもにとっての自由な時間がないですよね。

池上　どこのチームもそんなに長く練習をしているのですか？

大山　はい、とても多いですね。一度、あるチームの監督さんに「ちょっとやりすぎじゃないですか？」と苦言を呈したことがあるんです。ところが、その監督さんは「選手がやりたいと言っている」の一点張りで……。本当に子どもたちがそう思っているのかはわかりませんが、それが現状でもありますね。

池上　子どもは、やればやるほど自信につながるというのは事実です。だけど、それを止めるのが指導者の役割で、子どもが「もっとやりたい」と言っているからといって、やり続けると際限がなくなります。

——どれくらいの練習時間が理想ですか?

池上　サッカーでいうと、ヨーロッパでは90分の練習時間が基本です。大人のサッカーは90分で行われるので、それに合わせていますね。じゃあ、小学生だったらどれくらいの練習時間が適正かというと、60分か、もっと短くてもいいと思います。なおかつ、練習は週2日で、土日のどちらかに1試合したら終わり。子どもたちには他にもやるべきことがあります。家族と一緒に過ごす時間も増やしてほしいですね。

大山　おっしゃるとおりです。私自身、小学生の頃からひたすら日本一を目指してきて、とにかく練習したかったし、強くなりたかったし、うまくなりたかった。だけどその後、プレーのしすぎが原因で、大きな怪我を負ってしまいました。指導者は目先の勝利だけではなく、その選手の長い人生をちゃんと見据えて、今何をすべきかを見極めてあげないといけません。

池上　子どもが「もっとやりたい」と言っても、「楽しいなら、今日はこれくらいにしておこう。そのほうが上手になるよ」と言って止めてあげてほしいですね。

——子どものモチベーションを上げるために心がけていることはありますか?

池上　先日、あるチームの指導に行って、5、6年生の試合を見ていました。すると、全然楽しそうじゃないんですよね。そこにいた指導者にも、「これだと絶対にうまくならないですよ」という話をしました。結局、「俺たちは週に何日もやっている」「毎日何時間も練習している」と思っているだけで、決してうまくなっていない。うまくなるには、自分がやっているスポーツを「もっと楽しみたい」という気持ちでやらなければいけません。「勝ちたい」「レギュラーになりたい」と歯を食いしばって頑張っている小学生は、どこかで行き詰まってしまいます。私のやり方で言うと、子どもたちが「できないことを与える」ということです。なかなか難しいのですが、「どうやったらできるの？」ということができるようになると、やはり嬉しいものですよね。

褒めるのは難しいので「認めてあげる」

大山　小学生の大会を見に行くと、9割以上の指導者が子どもを叱っています。褒める指導者はほとんど見られません。「褒めると選手が甘えてしまう」「選手に舐められる」という指導者が多いようです。中には、「褒め方がわからない」という人もいますね。

池上　私は最近、褒めるのは難しいので「認めてあげる」という言い方を使っています。

大山　なるほど。

池上　例えば、子どもが何かいいプレーをしたときに、「おっ！」と言うだけで認めていることになります。少しでもリアクションをしてあげたら、選手は認められていると思うでしょう。性格の大人しい子がいいプレーをしたら、声を出さずにその子の顔を見て、親指を立てて笑ってあげるだけでいい。そうすると、その子どももニッコリと微笑んでくれますよ。

大山　それくらいのリアクションなら誰にでもできそうですね。

池上　元気な子がいいプレーをしたら「ナイスプレー」ではなく「素晴らしい」と言うようにしています。もちろん、ナイスプレーでもいいのですが、今の子どもは難しいサッカー用語をたくさん知っています。知ってはいるけど、その用語の中身は知らない。「ナイスプレー」くらいはわかるでしょうけど、「日本語にすると『素晴らしい』ということだよ」ということを知ってほしいんです。できるだけ子どもたちが理解しやすいように、英語ではなく、日本語を使うようにしています。

——試合でミスをすると、他の人のせいにする子も多いように感じます。

大山 誰でも怒られたくないですからね。だから、他の人のせいにして自分を守ってしまうのでしょう。

池上 日本の教育の問題でもありますよね。答えがあって、その答えを導き出さないといけないという教育。例えば、小学1年生に何か質問をすると、全員が手を挙げてくれます。違う答えも返ってくるのですが、でも、何か答えたくて仕方がない。それが、小学6年生になると、質問されても誰も手を挙げなくなります。

大山 確かにそうですね。どうしてでしょう。

池上 先生は授業を進めないといけないから、時間がないときは答えがわかっている子しか当てないんですね。そして、「ちゃんと勉強しているね」と言って授業が進んでいく。そうすると、答えがわからない子や、スポーツでいうとできない子が置いてきぼりにされてしまいます。さらに言うと、コミュニケーションがうまく取れない子どもが増えています。何か発言をすると、それで目立ってしまって、いじめの標的になることもある。「真面目ぶりやがって」ということを今の子は平気で言いますから。

大山 そうなると、答えがわかっていても誰も手を挙げなくなりますね。

池上 私はそれをスポーツで変えたいと思っています。スポーツをしている子は失敗してもへっちゃら。いっぱい失敗するから、いろんなことがわかるんだよって。

大事なのは「目標」よりも「目的」

――目標の立て方についても聞かせてください。勝つことにこだわらないとすると、何を目標にして練習に取り組めばいいのでしょうか。

池上　根本的な話ですが、多くの人が「目標」と「目的」を混同されていると思います。そのスポーツを通して「いい大人に育てたい」「自立した人間にしたい」というのが目的。一方で、「全国大会に出たい」「県大会で優勝したい」というのが目標です。それがだんだんすり替えられていって目的が目標になると、まさしく勝利至上主義になる。どれくらい成長しているとか、その練習はマイナスではないか、というところが見えなくなるんですね。

大山　バレーボールでも、目的の部分を持っている選手や指導者がすごく少ないと感じています。実際、私も「日本一」という目標は持っていましたが、目的の部分が欠けていたと反省することが多くて。でも、スポーツをする上で大事なのは、どちらかというと目的のほうですよね。何のためにスポーツをするのかという目的の部分を、指導者や保護者の皆さんには大切にしてほしいです。

池上　そうですね。その中で、目標は選手とコーチがしっかりと話し合って決めるべきだと思います。コーチだけが決めるのではなく、あるいはそれまでのチームの歴史とか伝統で決めるのではなく、目の前にいる選手とどうしたいか。今の私たちの実力はここだから、ここを目指したほうがいい。そういう決め方をしてほしいですね。

――大山さんはジュニア年代の全国大会は廃止にしてもいいと提唱されていますが、それだと子どもが目標を見失うという意見もあります。

大山　大前提として、池上先生がおっしゃるように、目的と目標の両方をしっかり持つことが大事だと思っています。確かに、全国大会がなくなると子どもたちが目標を失ってレベルが落ちるという話を聞くのですが、私はそう思いません。替わりにリーグ戦をたくさんやることで、今まで試合に出られなかった控え選手にもチャンスが与えられます。隠れた才能を持った選手が出てくるかもしれません。それこそ勝つことにこだわらなくなると、厳しい指導も減って、子どもたちが伸び伸びプレーできるようになり、いろんなプレーにトライできるようになるでしょう。それまでは「ミスをしないように」と守りに入ってプレーしていたのが、「ここを攻めてみよう」「厳しいコースに打ってみよう」と、どんどんトライするようになる。きっとレベルは上がると信じています。

池上　私のクラブでは、「世界に飛び出せる選手を育てる」というのがテーマです。どういう意味かというと、どこに行っても物怖じせず、自分の考えをしっかり述べられる。大事なのは、そういうことだと思っています。大山さんがおっしゃるように、一つのチームに強い子が集まると、その分だけ試合に出られない子が増えてきます。そんなことをしないで、たくさんのチームでリーグ戦を行い、みんなが試合に出られるようにすればいい。それなのに、上手な子が試合で使われずに消えていくというのが、特にサッカーや野球、バレーボールなどのチームスポーツに多いのではないでしょうか。

――いい環境で育ってきた選手は、自然と選手生命も長くなるように思います。バレーボールの世界でいうと、日本代表の荒木絵里香選手（トヨタ車体クインシーズ）が好例ではないでしょうか。出産で一度は競技から離れましたが、復帰してからも日本代表のキャプテンに選ばれるなど長く活躍しています。

大山　まずは体ですよね。（荒木）絵里香に関して言うと、小中学生の頃にあまり過度な練習をしてこなかったこと。それから、バレーボール以外にも、陸上や水泳もやってきたことがすごく大きかったと思います。これは、彼女のご両親の考え方が素晴らしくて、「その競技を楽しまなきゃ意味がない」とずっと言われてきたそうです。

池上　大山さんとは高校の同級生だそうですね。どんな選手でしたか？

大山　周りとは少し考え方が違っていて、第一に大学に進むことを考えていました。当時の女子バレーは、高校を卒業するとそのままVリーグに進むのが当たり前の時代だったんです。ですが、絵里香は大学でしっかり勉強をするんだというビジョンを持っていました。結果的に、高校卒業後はVリーグに進みますが、それこそバレーボールをする目的をちゃんと理解している選手だと思います。

子どもに「誰よりも応援している」と伝えてほしい

――保護者の話が出ましたが、子どもにスポーツをやらせるとき、どのような心構えが必要でしょう？

大山　スポーツを通して、どんな人生を歩んでもらいたいかを一番大切にしてほしいですね。私の両親も、バレーボールに関しては一切口を出さず、試合で勝っても負けても、いつも同じように迎え入れてくれました。でも、全力で応援してくれているのは伝わってくる。それはすごくよかったと思います。だから、保護者の皆さんには、自分の子どもに「誰よりも応援しているよ」「見ているよ」ということを伝えてあげてほしいですね。

池上　最近は過干渉な親が多いですからね。陰から応援するのではなく、「私がこれだけやっているのに、あなたという人は！」という親も多い。

大山　その意味でいうと、私の両親は「いつでもやめてもいいよ」という感じでした。オリンピックの前に練習の厳しさとか、プレッシャーに負けて、合宿所を逃げ出したいと親に言ったことがあるんです。そのときも「そんなに辛い思いをしてまでバレーボールをやる必要はない。帰っておいで」って。私は小学生のときからいろんな人に期待をかけられてきて、「日本代表じゃない自分に価値はない」「オリンピックにいけない私に価値はない」と思い込んでいました。すごく苦しかった。だけど、親だけは「いつでも帰っておいで」と言ってくれたんです。ただの大山加奈になっても大切に思ってくれる人がいるということは、とても心の支えになりました。

池上　逆のパターンで、親が夢を託しすぎると、子どもがつぶれてしまうことがあります。アメリカのケーブルテレビで、スポーツに人生をかける親子の物語を描いたドキュメンタリー番組があるんです。これが失敗例ばかりを取り上げるんですよ。アメリカらしいといえばアメリカらしいのですが、例えば14歳の女の子が、フィギュアスケートをするために両親と一緒にカナダに移住します。ところが、何もかもうまくいかない。そうすると、親子で大げんかが始まるんですね。「私は行きたいと言っていない!」「お母さんが連れてきたんだ!」って。そんなシーンばかりを集めているのですが、これをぜひ日本でも放送してほしい。逆に日本はどうでしょう。成功例しか映しませんよね。うまくいかなかった子が、今どんなに苦しんでいるか。皆さんわかっていますか? 練習でうまくいかなくて、試合でもうまくいかなくて、家に帰ってもまだ言われる。子どもの逃げ道がないのは、やはりよくないと思います。

――早くはじめたら、早く上達すると思っている親も多いように感じます。

池上　3歳くらいの親から相談を受けたことがありますよ。「今からやっておくべきトレーニングは何ですか?」って。皆さん、どうも早くからやらないといけないと思いすぎです。3歳からサッカーなんてしなくていい。好きなことだけやっていたらいいんです。「部屋でゲームをやるのではなく、外に出て遊びましょう」。それが一番です。

大山　小さい頃からスポーツをすると怪我につながることもあります。

池上　そのとおりです。若いときに絶対に怪我をさせちゃいけません。サッカーの日本代表にいたドクターが言っていました。怪我を抱えたまま日本代表に入って生き残った選手はゼロだって。そういうことを、指導者が真剣に考えてほしいですね。「怪我をしても、鍛えれば治る」って本気で考えている指導者がいるのが現状ですから。

大山　痛いと言うと「あいつは弱い」と言われるんですよね。

池上　大山さんのような元日本代表選手が、そうやってメッセージを発信してくれるのは、バレーボール界にとってとても心強いと思いますよ。

大山　はい。子どもたちを取り巻く環境を変えたいとすごく思っています。全国大会のシステムを変えることも大事。何より競技の垣根を越えて、同じ志や思いを持った人がグッと固まってムーブメントを起こしていくことが必要だと思います。ぜひ池上先生ともタッグを組ませてください。

池上　本当にそう思います。みんなで一緒に頑張りましょう。

大山加奈（おおやま・かな）　1984年6月19日生まれ、東京都出身。元全日本女子バレーボール選手。成徳学園高校（現・下北沢成徳高校）で、主将としてインターハイ・国体・春高バレーの3冠を達成、小中高全ての年代で日本一を経験。東レアローズ女子バレーボール部に入部後アテネオリンピックに出場するなど、力強いスパイクを武器に日本を代表するプレーヤーとして活躍。2010年に現役を引退。キッズコーディネーショントレーナーの資格を取得し、全国での講演活動やバレーボール教室に精力的に取り組み幅広く活動している。

池上 正（いけがみ・ただし）　1956年生まれ、大阪府出身。「NPO法人I.K.O市原アカデミー」代表。大阪体育大学卒業後、大阪YMCAでサッカーを中心に幼年代や小学生を指導。02年、ジェフユナイテッド市原・千葉に育成普及部コーチとして加入。2010年1月にジェフを退団。同年春より「NPO法人I.K.O市原アカデミー」を設立。2011年より京都サンガF.C.で普及部部長などを歴任した。現在は大学講師も務める。08年1月に上梓した初めての著書『サッカーで子どもをぐんぐん伸ばす11の魔法』（08年・小学館）はベストセラー。ジュニア指導歴39年で、のべ50万人の子どもたちを指導した実績を持つ。

おわりに

笑顔がとびきり素敵な女子選手がいた。バレーボールの名門中学から名門高校に進み、卒業後は11シーズンにわたってVリーグで活躍。30歳になる直前に現役を退いた。

その選手が中学生のときに話してくれた祖母とのエピソードが今でも忘れられない。

「遠征があるときは、おばあちゃんがお小遣いをくれるんです。2525円。いつもニコニコ（2525）して、笑顔を忘れないように、という意味です」

その言葉通り、コートに立つ彼女はいつも笑顔で、誰からも愛される選手だった。決して楽な現役生活ではなかっただろう。怪我に苦しんだ時期もあった。それでも、選手としてのキャリアを全うできたのは、恩師の言葉に支えられ、仲間との出会いを大切にしてきたからにほかならない。

この春で小学4年になる娘の柚子がバレーボールをはじめて2年が過ぎた。できるだけ干渉しないように努めているが、練習から帰ってくるとどうしても聞いてしまう。

「今日の練習はどうだった？」「どんな練習をしたの？」「勝った？」「負けた？」と。そして、池上正さんの「親の夢を託しすぎると、子どもをつぶしてしまうことがある」という言葉を思い出し、「ちょっと言い過ぎたかな」と深く反省してしまうのだ。

今はとにかく、バレーボールを楽しんでほしい。仲間を思いやり、自分の価値を認識し、何事も意欲的に取り組めるようになってほしい。

遠征に行くときはお小遣いと一緒に「いつも笑顔でね」と声をかけ、価値観の押しつけにならないように、ほどほどの距離感で黙って見守りたいと思っている。


本書の取材に長い時間を割いてくださった星城高の竹内裕幸さん、慶應義塾高の渡辺大地さん、益田清風高の熊崎雅文さん、ジェイテクトSTINGSジュニアの宗宮直人さん、上黒瀬JVCの小林直輝さん、東風JVCの楢崎和也さん、そして、星城高の中根聡太さんに心から感謝申し上げます。皆さんと過ごした時間は格別でした。

対談に出演していただいた池上正さんと大山加奈さんにもあらためて御礼を申し上げます。大山さんは双子の出産を控えており、「体調は大丈夫ですか?」と思いやる池上さんのお心遣いがとても微笑ましかったです。

株式会社カンゼンの滝川昂さんにも感謝します。願い続けてきた企画がようやく形になりました。編集担当の松岡健三郎さんには、アポ取りなどの交渉ごとを一手に引き受けてもらいました。自分が紡ぎ出した言葉が活字になり、それを誰かが読んでくれる。こんなに幸せなことはありません。

ありがとうございました。

岩本勝暁

いわもと・かつあき

2020年からフリーランスのスポーツライターとして活動を開始。バレーボールやサッカー、競泳などのオリンピック競技からセパタクローまで幅広く取材。『月刊バレーボール』（日本文化出版）を中心に、主に雑誌やウェブに寄稿する。夏季五輪は2004年アテネ大会から2016年リオデジャネイロ大会まで4大会を現地で取材。また、『ママさんバレー 基本と戦術』（実業之日本社）、『ビーチバレーボール教本』（日本バレーボール協会）、『ソフトバレーボールの教科書』（日本文芸社）などの実用書のほか、セパタクロープレーヤー寺島武志の生き様を描いたフォトブック『夢を跳ぶ。』（日本写真企画）では執筆を担当する。

装幀・本文デザイン	山内 宏一郎(SAIWAI DESGIN)
DTPオペレーション	株式会社ライブ
カバー・本文写真	坂本 清(第1章、第2章)
	松岡 健三郎(第2章)
	株式会社Real Style(第3章)
	岩本 勝暁(第1章、第4章、第5章、第6章)
編集協力	松岡 健三郎
編集	滝川 昂(株式会社カンゼン)
企画協力	株式会社Real Style

いまどき選手の力を引き出す監督《スペシャリスト》がここまで明かす!

バレーボール指導の極意

発行日　2021年4月26日　初版

著者　岩本 勝暁
発行人　坪井 義哉
発行所　株式会社カンゼン
〒101-0021
東京都千代田区外神田2-7-1 開花ビル
TEL 03(5295)7723
FAX 03(5295)7725
http://www.kanzen.jp/
郵便為替 00150-7-130339
印刷・製本　株式会社シナノ

 ISBN 978-4-86255-597-7 Printed in Japan
定価はカバーに表示してあります。
ご意見、ご感想に関しましては、kanso@kanzen.jpまでEメールにてお寄せ下さい。お待ちしております。